职业院校
专业群课程体系
构建研究

于久洪 等◎著

中国人民大学出版社

·北京·

U0745816

图书在版编目（CIP）数据

职业院校专业群课程体系构建研究 / 于久洪等著
.--北京：中国人民大学出版社，2022.10
ISBN 978-7-300-30998-9

Ⅰ.①职⋯ Ⅱ.①于⋯ Ⅲ.①高等职业教育-专业设置-学科建设-研究-中国 Ⅳ.①G718.5

中国版本图书馆 CIP 数据核字（2022）第 168816 号

职业院校专业群课程体系构建研究

于久洪 等 著

Zhiyeyuanxiao Zhuanyequn Kecheng Tixi Goujian Yanjiu

出版发行	中国人民大学出版社	
社　　址	北京中关村大街 31 号	**邮政编码** 100080
电　　话	010 - 62511242（总编室）	010 - 62511770（质管部）
	010 - 82501766（邮购部）	010 - 62514148（门市部）
	010 - 62515195（发行公司）	010 - 62515275（盗版举报）
网　　址	http://www.crup.com.cn	
经　　销	新华书店	
印　　刷	涿州市星河印刷有限公司	
规　　格	185 mm×260 mm　16 开本	**版　　次** 2022 年 10 月第 1 版
印　　张	9	**印　　次** 2022 年 10 月第 1 次印刷
字　　数	193 000	**定　　价** 39.00 元

课题组成员

于久洪　丁春玲　朱　慧　邢海玲

刘华富　吕　勇　李　鹤　佟　凡

张　蓓　吴景阳　吴凤霞　杨文杰

郭　芹　程　燕　翟天津

  "大智移云物"技术正在以前所未有的速度与力度改变着人类社会生产生活方式，也使金融及财会相关专业群岗位发生了巨大变化。一方面，基础性财务工作逐渐被信息化系统或财务人工智能替代，意味着财税金融专业未来就业岗位职能将由过往的操作型向今后的综合财务顾问、投融咨询、理财策划等方向转变；另一方面，随着新的金融业态不断涌现，金融体系的分工门类也在不断增加，在"业财融合"的基础上，金融也逐渐将服务渗透到企业的运营过程中，成为企业经营活动不可或缺的一部分，"业金财"融合已成为大趋势，金融和财税通过资金融通与资本运营管理形成关联，共同支撑实体经济发展，构成资金循环的"业金财"产业链。

  在上述这一系列的发展趋势下，学生必须适应信息化要求，强化互联网思维，具备财税金融综合能力、创新能力等基本素质。为了更科学、更合理地构建符合社会需求、人才培养规律的课程体系和有效整合教育资源，有关数字技术赋能的财金专业群课程体系构建方面的研究势在必行。

  课程体系是指同一个专业中的不同课程、门类按照有关顺序进行排列，是教学内容和教学进程的总和。如何构建职业教育的课程体系，尤其是专业群的课程体系，是一个全新的命题。有学者在对高职教育课程目标取向进行分析的基础上，提出了构建课程体系的三维目标（岗位技能、创新能力和职业素养），包括：以"学生掌握职业岗位或岗位群所要求的基础理论知识和基本操作技能"为依据的行为目标，"培养学生解决实际岗位问题的能力和培养学生的职业探究与创新能力、可持续发展能力"的生成性目标，以及"培养学生职业道德、职业素养及思想素质等综合素质"的表现性目标。也有学者提出了财金类专业校企共建的"校企双主体"课程体系设计思路，即以教学企业-金融中心为载体，高校、企业与金融中心共同教学为主线。

  美国、英国、德国、加拿大等西方国家的高等职业教育起步早、规模大，已形成了各具特色的办学模式，其所采用的课程结构模式较为成熟。如双元制模式、CBE模式和TAFE模式，其根本目的都是将理论和实践相结合，以培养学生的动手能力和职业技能水平为目标，课程体系也都是围绕培养社会和企业所需要的人才而构建的。

  在当今的数字经济时代，数据成为新的生产要素，云、AI、大数据、5G等技术成为新的生产工具。财金专业群课程体系的重构应与专业的培养目标以及学生的专业能力有机结合，"上云、用数、赋智"，按照岗位要求，对专业群课程体系进行设计，以培养出合格的高等职业教育财金技术人才。

本研究成果源于北京经济管理职业学院的重点科研课题"数字财金专业群课程体系构建",在研究过程中,整合了院内外、校内外的专家资源和专业群建设经验,旨在为职业院校同行们提供专业群课程体系构建思路、专业及专业群人才培养方案的参考样本。本研究成果的主要内容包括职业院校专业群建设以及课程体系框架设计、培养目标、能力导向内容结构、教学方法、教学效果评价、校企合作开发等。另外,还专门介绍了数字媒体专业群、电子商务和跨境电商专业群等课程体系构建案例,以期为同行们提供更多有实际意义的参考。

应该说,专业群建设本身就是一个全新的领域,加之实际运行时间少,可资借鉴的经验有限,尤其是受作者水平所限,本书肯定存在大量的缺点和不足,恳请同行们不吝赐教。感谢中国人民大学出版社一直以来的支持,感谢课题组的所有成员,感谢为本书提供素材的所有专家、教授、老师们,在大家的共同努力下才有了这项研究成果,我们会继续深入研究,为职业教育事业而努力奋斗。

C 目 录
Contents

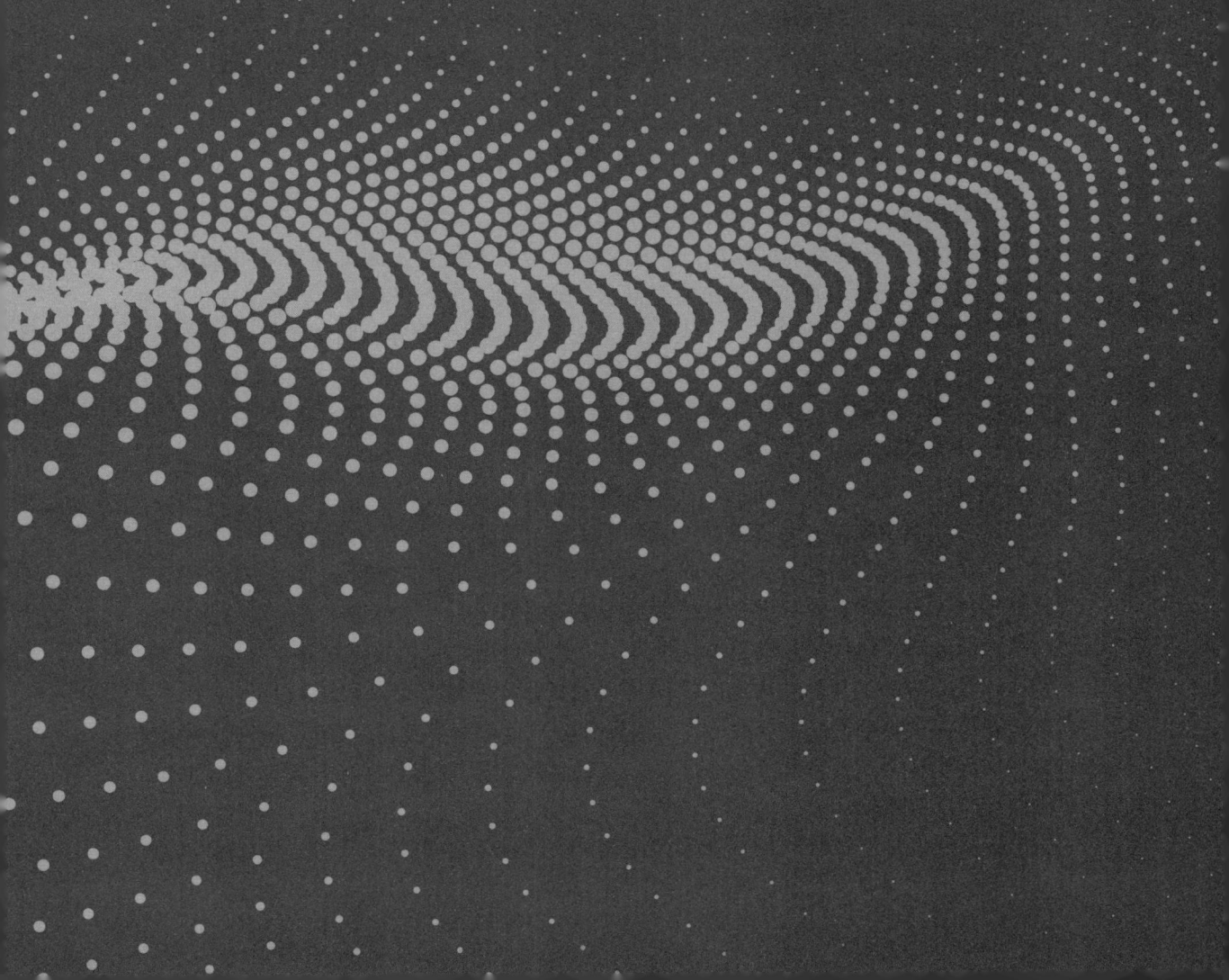

1. 导论

1.1 职业院校专业群建设研究

⭐ 1.1.1 职业院校专业群建设背景

早在 2014 年，习近平总书记就对加快发展职业教育做出了重要指示，有力推动了职业教育专业群的建设步伐。同年，国务院发布了《关于加快发展现代职业教育的决定》，强调"深化产教融合、校企合作"，坚持工学结合，"推动专业设置与产业需求对接"；教育部等六部门联合印发《现代职业教育体系建设规划（2014—2020年）》，提出"根据各主体功能区的定位，推动区域内职业院校科学定位，使每一所职业院校集中力量办好当地经济社会需要的特色优势专业（集群）"。2015 年，教育部又适时出台了《关于深化职业教育教学改革全面提高人才培养质量的若干意见》，提出"围绕各类经济带、产业带和产业集群，建设适应需求、特色鲜明、效益显著的专业群"。

1.1.1.1 全国职业教育大会为专业群发展带来新机遇

专业群建设是职业院校各项建设工作的重中之重。全国职业教育大会于 2021 年 4月 13 日在北京落下帷幕，可以说，这次会议使得职业教育发展又迎来了一个春天。习近平总书记对职业教育工作做出重要指示，他强调，在全面建设社会主义现代化国家新征程中，职业教育前途广阔、大有可为。要坚持党的领导，坚持正确办学方向，坚持立德树人，优化职业教育类型定位，深化产教融合、校企合作，深入推进育人方式、办学模式、管理体制、保障机制改革，稳步发展职业本科教育，建设一批高水平职业院校和专业，推动职普融通，增强职业教育适应性，加快构建现代职业教育体系，培养更多高素质技术技能人才、能工巧匠、大国工匠。

此次全国职业教育大会的召开，是继国务院"职教 20 条"出台后，职业教育界的又一次重大发展机遇，会议明确职业教育与普通教育是两种不同教育类型，具有同等重要地位。全国职业教育大会再次强调，提高技术技能人才待遇，畅通职业发展通道，增强职业教育认可度和吸引力。作为一种教育类型，职业教育有其明确的、不同于普通教育的特征，其中最具标志性的特征就是，职业教育紧贴经济社会发展脉络，直接培养社会最需要的技术技能人才，而培养的平台就是专业群。如果说各学校的二级学院是职业教育人才培养平台，那么，二级学院的逻辑来源本质上应该是专业群，即所谓的"以群建院"。

由于专业群是对所服务的区域和产业群中的职业岗位群进行分析与定位以后提

炼、升华和建构的结果，是对所服务的区域和产业集群职业岗位群的一种映射，因此职业教育这种教育类型的发展，会直接助力区域发展对于人才的需求，直接为产业乃至经济的发展壮大提供源源不断的人才供给。不同于普通教育的"外围逼近式"贡献模式，职业教育的社会经济贡献表现为"直接命中式"。

1.1.1.2　专业群建设将助推产业发展的能力进一步提升

数据显示，我国技能人才已超过 2 亿人，占就业总量的 26%。然而高技能人才仅有 5 000 万人，占技能人才总量的 25%。

高技能人才的培养，有赖于大量高水平、高质量专业群的发展建设。随着各地深化产教融合、校企合作，深入推进育人方式、办学模式、管理体制、保障机制改革，更多高素质技术技能人才、能工巧匠、大国工匠将从职业院校中走出来。

这其中，专业群建设是深化产教融合、校企合作的落脚点，是推进育人方式、办学模式、管理体制、保障机制改革的一线阵地，大量高水平、高质量专业群是大批量高素质技术技能人才、能工巧匠、大国工匠的诞生地。所以专业群建设助推产业发展的能力必将进一步得到有效提升。

1.1.1.3　专业群建设将更加注重培养实践能力

只有在实践中学、习、练，学生才能学得真知、习得能力、练就本事，从而成为高素质技术技能型人才。专业群建设的突出任务就是打造真实的工作环境，使学习过程逼近生产一线真实活动，运用 VR、AR 等技术模拟、再现实际操作过程，从而保证职业教育人才的高素质、高质量和高就业率。

这就要求在各个专业群建设过程中，始终坚持把产教融合、工学结合作为专业群办学的基本模式，改革教学方法，建好用好各类产业学院、工程师学院、大师工作室、生产性实训基地，让学生在实际劳动中增长才智、提升技能。

★ 1.1.2　职业院校专业群内涵简析

专业群可以理解为"1＋N"，其中的 1 是指群内的一个核心专业，N 是指若干个与核心专业相关的专业，两方面构成一个群组。

特殊情况下，核心专业也可能不限于一个。作为核心专业，要求是群组中的龙头专业，起主要作用；作为相关专业，要求与核心专业及整个专业群有一系列逻辑上的紧密联系，这些联系是职业院校专业群构建的关键所在。

群内相关专业的内在联系表现为入群的专业之间具有产业相同、职业相通、岗位相近、技能共享的要求。

1.1.2.1 产业相同

专业群不是简单的专业堆砌，更不是人为地为了建群而生拉硬扯，不论是 1 还是 N，其所构成的群一定是一个具有内在紧密逻辑联系的整体，表现为各个专业均服务于某一类产业，如"数字财金专业群"内的五个专业均服务于现代服务业，而现代服务业可以细分为四类，即生产服务业、商务服务业、金融服务业和消费服务业，本群基本聚焦于商务服务业和金融服务业两大服务链产业细分领域。

1.1.2.2 职业相通

专业群内各专业所培养的技术技能人才职业定位应当基本相通。如数字财金专业群对接数字财金临近区域内的财税金融服务新业务、新岗位人才需求，精准定位于会计师、审计师、税务师、理财师、金融分析师和运营师（以上均含助理师，如助理会计师等）六大职业领域。

1.1.2.3 岗位相近

调研数字财金专业群的岗位设置发现，上述六大职业群可以对应到五大类岗位群——智能财税、财经专业机构服务、审计、金融服务、资产管理的 11 个具体岗位，紧密呼应北京数字经济发展战略，站在数字经济时代前沿，以专业建设实现产业智能化、财金数字化、数字产业化，培养既有财金专业知识技能，又具备数字素养、数字思维、数字能力的专门人才。

数字财金专业群具体面向的岗位有：智能财税岗位群，含理票岗、制单岗、出纳岗；财经专业机构服务岗位群，含税务专员、税务筹划岗等；审计岗位群，含审计助理、内部审计专员等；金融服务岗位群，含理财岗、售贷岗等；资产管理岗位群，含数据分析师、资产评估专员等。

1.1.2.4 技能共享

同一个专业群内的各专业应该自然形成共通、共享的职业技能和专业技能，这些技能应该能够提炼出来并在专业群共享课中进行设置。

如依据数字财金专业群所面向的岗位，可提炼出以下技术技能：

（1）智能财税岗位群中的理票岗、制单岗、出纳岗，分别应具备票据处理的能力、制作单据的能力、资金管理的能力。

（2）财经专业机构服务岗位群中的税务专员、税务筹划岗等，分别应具备所得税申报、增值税申报和税收筹划的能力。

（3）审计岗位群中的审计助理、内部审计专员等，分别应具备实施审计程序、出具审计结论和编制审计报告的能力。

（4）金融服务岗位群中的理财岗、售贷岗等，分别应具备金融风险管控的能力、办理抵押质押贷款的能力。

（5）资产管理岗位群中的数据分析师、资产评估专员等，分别应具备财报分析的能力、函证的能力。

提炼出上述岗位能力后，结合人才培养规律，就可以将其落实在专业群共享课中。本群各专业均需开设以下三个层次的共享课，如图1-1所示。

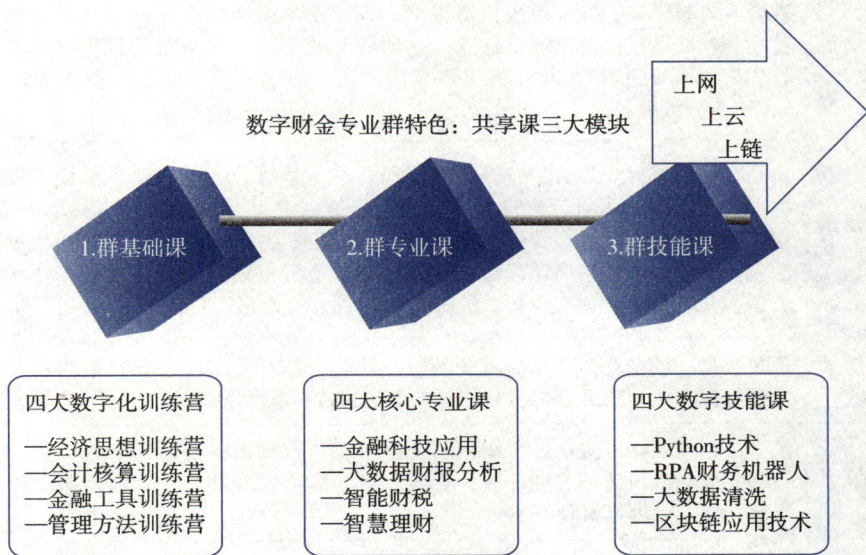

图 1-1　数字财金专业群共享课程设置

⭐ 1.1.3　职业院校专业群建设框架

专业群建设是一个系统工程，涉及人才培养的方方面面。考察各地方的建设方案和实际操作，结合教育主管部门的建设框架要求，专业群建设一般包括以下三个方面：一是建设基础分析，含优势与特色、机遇和挑战两部分内容。二是组群逻辑分析论证，其重点是核心专业与入群专业的内在关系分析，以及专业群各个专业在产业链、职业链、岗位链、人才链、技能链上的逻辑关系分析。三是建设目标界定，包括总体目标和分项建设目标。分项目标涉及具体专业群建设内容方面，大体上可以梳理出12项建设内容。对于每一项建设内容，一般都要进行专业群建设特色与创新、建设预期成效和专业群标志性成果，以及建设预算等的分析。专业群建设内容与标志性成果如表1-1所示。

表 1–1 专业群建设内容与标志性成果

建设内容	标志性成果
1. 产教融合、校企合作	建设教学与生产实践中心；开展企业新型学徒制；合作制定人才培养方案；融入企业真实经营活动；合作开发实训课程、活页式教材、工作手册、案例、微课、动画；把公司办在校园，在企业开设学堂
2. 人才培养模式创新	混合八式教学法；课程思政典型案例；人才培养模式创新实践总结；立德树人典型案例；职业技能等级证书信息；立项后专业与产业的契合度报告（或专业调研报告，含调研问卷）；专业群组建简述；立项后学校修订的各专业人才培养方案（含职业分析表）
3. 课程教学资源建设	精品在线课程；立项后学校修订的课程标准信息统计表；立项后学校修订的课程标准典型案例；立项后建设教学资源统计表；建设专业群内互通共享专业课程；建设跨专业模块化核心课程；建设数字化课程学习空间；"1＋X"应用证书培训资源包；助理××师培训课程资源包；××从业资格培训课程资源包；精品在线开放课程；参与建设国家级教学资源库 N 门课；开发微课资源 N 个
4. 教材与教法改革	国规教材；校企合作开发活页式教材；校企合作开发工作手册式教材；立项后开发教材信息；立项后获奖教材信息；立项后混合式教学设计
5. 教师教学创新团队	国家级创新团队申报；省市级创新团队申报；双师教师资质信息统计表；立项后教师完成的教科研情况统计表；立项后教学能力大赛获奖；立项后班主任基本功大赛获奖；立项后其他获奖
6. 实践教学基地	构筑真实工作环境；筛选并引入企业真实项目；提供新信息技术工具和应用场景；应用企业级数据及数据分析系统；借助场景、技术、设备、工具、数据、系统展现企业运营本质；开发基于真实工作任务的实训教学文件和资料；制定实训考核与奖励办法；明确校企教师分工和角色定位；创新生产性实训可持续运行机制；完成"1＋X"证书培训及考证试点任务
7. 技术技能平台	聚焦专业群面向的重点发展产业；利用大数据、区块链等技术，赋能面向的企业，政行企校协同共建；打造"大师工作室、产业学院和校内校外产教融合实训基地"；组建三位一体的技术技能创新服务平台；建设职教联盟、职教集团、科创中心等平台
8. "1＋X"证书建设	书证融通进入课程体系；与 X 主办企业推进数字资源、优秀师资、教育数据共建共享；建设"1＋X"证书考试学习资源等专业教学资源库；加强证书考核站点建设；完善证书考核颁证管理；构建基地网络服务平台；健全基地实践教学质量保障体系和评价体系；提高基地综合服务能力；提高老师取证率、学生取证率
9. 师生双赛	大赛奖项；全国教师教学能力比赛获奖；省级教师教学能力比赛获奖；世界大学生技能大赛获奖；全国大学生技能大赛获奖；省级大学生技能大赛获奖；大学生创业大赛获奖；大学生互联网＋大赛获奖（国家级、省部级）
10. 社会服务	培养培训农民工、退伍军人人次；立项后发明专利统计表；立项后社会服务项目；立项后社会培训统计表；扶贫统计表

续表

建设内容	标志性成果
11. 国际交流与合作	双语课程平台；国际培训交流平台；外派交换生、交流生；教师境外访学或研修；实施国际培训计划；与一带一路沿线国家合作，开展职业培训项目；与国际创新中心等开展国际化合作项目；共办技能竞赛；引进国际优质职业教育资源；共建专业、联合办学；与其他国际化项目学校进行交流研讨；实地探访国外职业教育真实课堂；推进国际化教学模式改革；输出国际认可的专业群教学模式
12. 可持续发展保障机制	专业群建设项目工作组工作材料；专业群建设督导委员会工作材料；校企专家合作专业群建设协作委员会履职情况相关文件；校企专家合作教材建设委员会履职情况相关文件；专业群人才培养质量诊断标准化方案；专业群人才培养质量诊断诊改报告；专业群建设关键环节的质量标准；专业群人才培养质量评价标准；教学创新团队建设标准；质量诊断与课题改进；企业兼职教师教学质量评价实施办法；构建专业群内部质量保证体系；形成导向清晰的专业群评价机制

⭐ 1.1.4　职业院校专业群构建实例

案例一，某高职学院建筑工程技术专业群的构建，如图 1-2 所示。

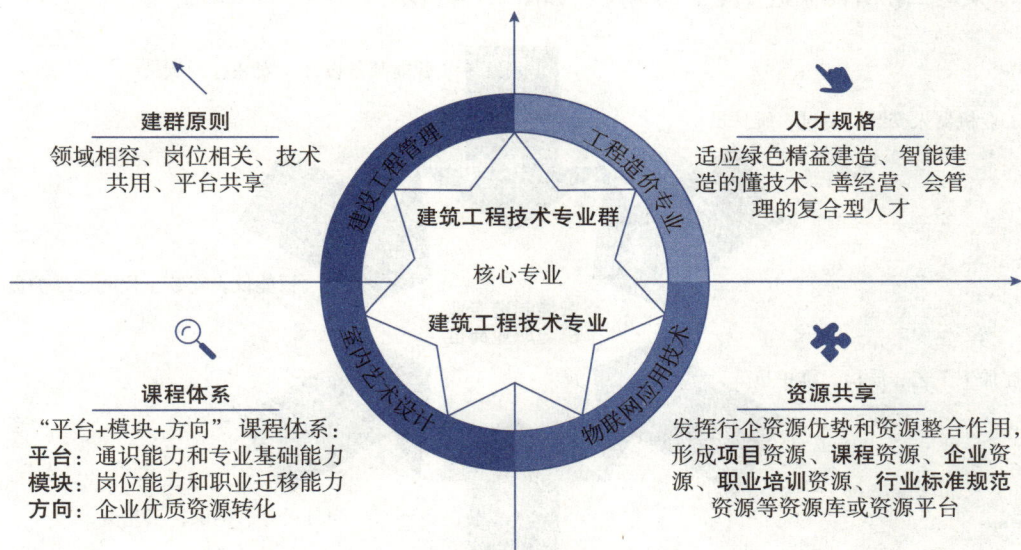

建群原则
领域相容、岗位相关、技术共用、平台共享

人才规格
适应绿色精益建造、智能建造的懂技术、善经营、会管理的复合型人才

课程体系
"平台+模块+方向"课程体系：
平台：通识能力和专业基础能力
模块：岗位能力和职业迁移能力
方向：企业优质资源转化

资源共享
发挥行企资源优势和资源整合作用，形成项目资源、课程资源、企业资源、职业培训资源、行业标准规范资源等资源库或资源平台

（图中）建设工程管理　工程造价专业　建筑工程技术专业群　核心专业　建筑工程技术专业　室内艺术设计　物联网应用技术

图 1-2　某高职学院建筑工程技术专业群的构建

　　分析研究案例一，可见该群在建群原则、人才规格、资源共享和课程体系等方面遵循了专业群建设的一般规律，符合专业群的属性特征。

　　一般来说，专业群的四大属性表现为：培养复合型人才（比单个专业有优势）、群内职业相通连（一人可以适应多职业、多岗位）、服务经济社会发展（服务能力比单个专业强）和自我完善适应需求（单独一个专业资源受限、更新能力有限），具体如图 1-3 所示。

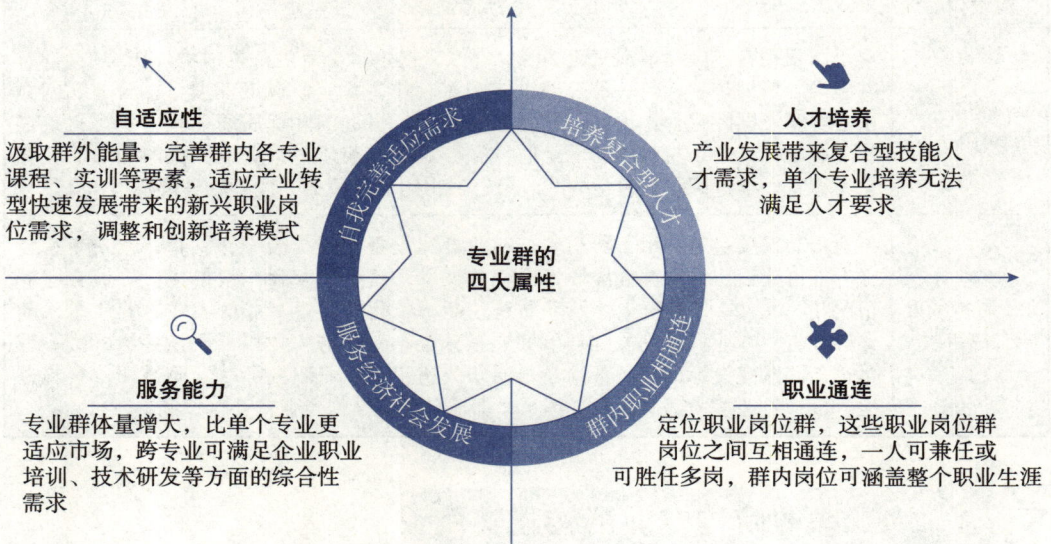

图 1-3 专业群的四大属性

案例二，智能制造专业群的构建，如图 1-4 所示。

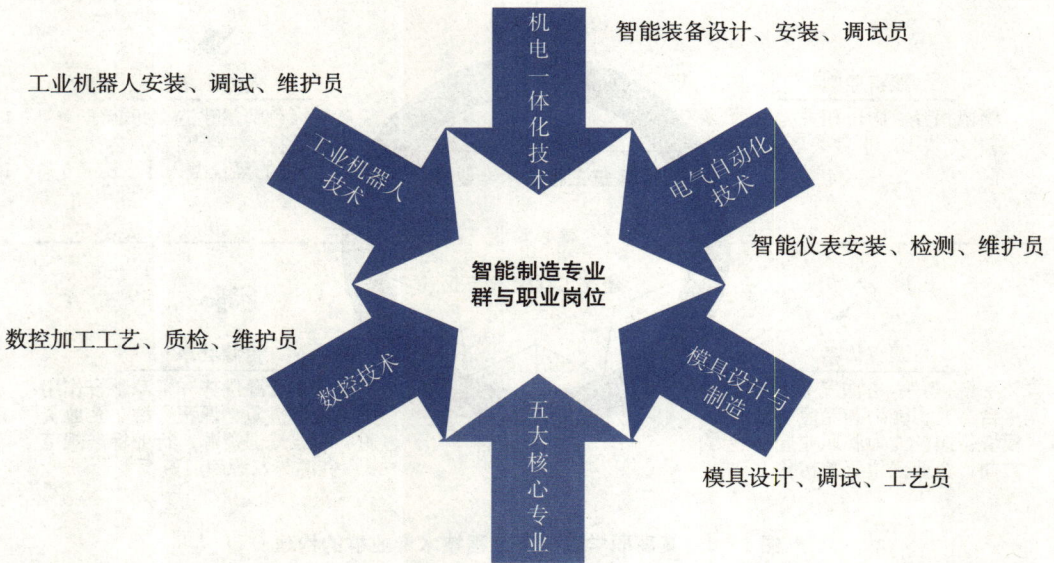

图 1-4 智能制造专业群的构建

案例三，数字财金专业群的构建，如图 1-5 所示。

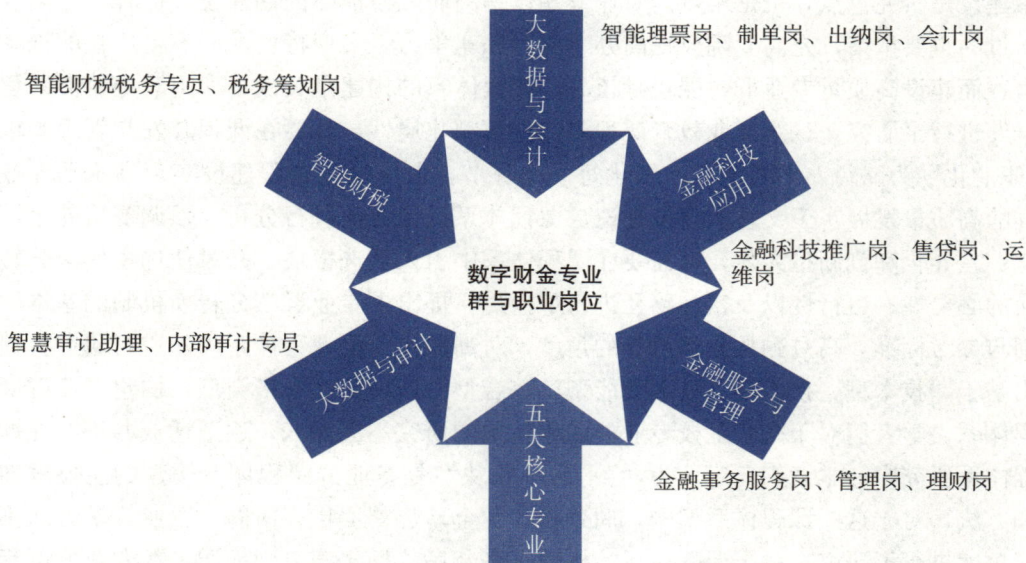

智能理票岗、制单岗、出纳岗、会计岗

智能财税税务专员、税务筹划岗

金融科技推广岗、售贷岗、运维岗

智慧审计助理、内部审计专员

金融事务服务岗、管理岗、理财岗

图 1-5 数字财金专业群的构建

1.2 职业院校专业群课程体系框架设计

⭐ 1.2.1 课程体系相关文献综述

2019 年教育部、财政部发布的"双高计划"，即中国特色高水平高职学校和专业建设计划，是国家引导职业教育迈向高质量发展的方向标，在"双高计划"建设名单中共有 197 所高职学校，其中入选高水平学校建设的高职学校 56 所，入选高水平专业群建设的高职学校 141 所。在"双高计划"背景下，无论高职院校是否入选，专业群建设都引起了高度重视。对于已经入选的高职院校来讲，建设高质量的专业群是落实《国家职业教育改革实施方案》的"先手棋"任务，关系到今后的持续发展，而对于未入选的高职院校来讲，建设高质量专业群关系到今后能否抓住发展机遇，入选下一轮建设名单。专业群建设对于高职院校来说非常重要，它是一项系统工程，涉及多个方面，其中，课程体系构建尤为关键。

在国家示范性高职院校和骨干高职院校建设项目的持续推动下，近十年来，专业群及其相关研究呈现出爆发状态，2012 年专业群相关文献首次达到了百篇，2018—

2020 年的文献高达 1 141 篇，平均每年发文约 380 篇。在这些文献中，专业群课程体系建设是研究重点，也是难点。专业群建设是高职院校加强内涵建设、提升人才培养质量的重要举措，是高职院校提高办学实力和竞争力、实现特色发展不可或缺的推动力，而建设高质量专业群，课程是核心，课程体系的构建是关键。李闽对专业群课程开发进行了研究，认为职业教育课程要体现类型化属性，就要在课程开发与管理中以"职业化"为路径，不断深化、细化每一个环节，最终通过课程建设实现高水平专业群的高质量发展。王文轩从建设理论、课程体系设计方面进行分析，强调要培养个性化、差异化和创新型人才，就需要在课程体系中引入任选模块，并对任选模块学分转换的必要性、可行性以及实施路径进行了探讨，提出了专业群学分转换机制的基本原则与参考标准。高月勤从分类培养的角度，对高职专业群课程体系构建进行研究，提出基于"技术型、技能型、技术技能型、综合型"四种亚型规格类型，构建专业群课程体系。学者们对于高职院校专业群课程体系的研究不断深入，逐渐达成共识。在课程体系研究中，学者们普遍认为，"平台＋模块"是专业群课程体系构建的主要框架和方法，对于这一课程体系架构，周劲松、罗金玲、刘罗仁、何静、罗亚等学者从不同角度进行了研究。对于课程体系的构建，张新民、杨文涛特别强调，在专业群课程体系中，各专业的核心课程应该是相互独立的，专业核心课程是确保专业相对独立的基本条件，是各专业的个性要素。课程是人才培养目标的具体体现，在教育体系中占据核心位置，课程的设置是否科学适用直接关乎培养出的人才是否符合企业岗位的人才需求，决定着教育的成败。

通过相关文献研究发现，学者们在课程体系方面开展了比较深入的研究，为本书的研究提供了很好的理论支撑和经验借鉴。本书基于"平台＋模块"这一受到普遍认可的课程体系架构设计职业院校专业群课程体系框架。"平台＋模块"课程体系，是指在专业群规划与设置的前提下，由公共基础课程、专业群基础课程组成的"平台"课程和由专业必修课程、专业选修课程组成的"模块"课程构建起来的课程体系。其中，"平台"是保证专业群的基本规格和全面发展的共性要求，体现"厚基础、宽口径"；"模块"主要是实现不同专业人才的分流培养，体现个性。"平台＋模块"课程体系实现了底层共享、中层分流、高层互选，使高职院校的学生既能得到专业群知识、技能的共性发展，又能得到不同专业的个性发展。

⭐ 1.2.2　课程体系设计中应考虑的问题

专业群建设是一个系统工程，而课程体系设计的优劣事关专业群建设的成败，课程体系能体现专业群建设的成果。课程体系的设计主要考虑以下几方面问题。

1.2.2.1　公共基础课程与专业课程之间的关系问题

目前，教育部对公共基础课程尤其是思政课程有明确的学时学分要求，在课程体系的设计中，应给公共基础课程留出足够的空间，解决好培养什么人、怎样培养人、为谁培养人这个根本问题。鉴于公共基础课程充当着不可替代的角色，因此绝不能以专业课程挤压公共基础课程的学时与安排。在课程体系框架设计中，公共基础课程与专业课程在学时、课程安排等方面的冲突，是不可忽视的问题。公共基础课程的开设合理有效，能为专业课程建立牢固的公共基础平台，进而有利于模块化教学的开展。

1.2.2.2 专业课程内部分层问题

专业群是由若干专业按照一定的组群逻辑组成的。关于专业群组群逻辑，目前主要有三种代表性观点：一是以产业链的若干环链为组群逻辑（产业链组群逻辑）；二是以相同的学科基础为组群逻辑（学科基础组群逻辑）；三是以相同的技术基础为组群逻辑（技术基础组群逻辑）。其中，以学科基础组群逻辑组建专业群的居多。专业群组群逻辑不同，其专业课程内部分层也不同，课程安排也会有差异。总体来讲，专业课程一般由专业群基础课、专业核心课和专业拓展课以及专业实践课组成。不同组群逻辑下的专业群可根据其专业群特点安排不同的专业课程。

1.2.2.3 实践课程安排问题

高职教育是类型教育，实践教育是其重要特色，在专业群建设中，实践课程的有效安排是应重点考虑的问题。在国家政策推动下的创新创业教育改革中，职业院校已将创新创业课程纳入课程体系中，有些体现在公共基础课中，有些体现在专业实践课中，创新创业教育如何有效切入是需要深入思考的问题。在实践课程安排中，职业院校现有的实践资源以及校企合作资源能否满足学生的实践需求，学校安排的认岗、跟岗、轮岗、顶岗等一系列的实践形式能否有效实施而非流于形式等问题不可忽视，需重点关注。

1.2.2.4 思政全覆盖问题

思政课最根本的是要全面贯彻党的教育方针，解决好培养什么人、怎样培养人、为谁培养人这个根本问题。习近平总书记强调要旗帜鲜明加强思想政治教育、品德教育，加强社会主义核心价值观教育，引导学生自尊自信自立自强。在专业群建设中，对于思政课应通盘考虑，贯彻全方位、全过程育人要求，对于思政教育，要在改进中加强、在创新中提高，及时更新教学内容、丰富教学手段，不断改善课堂教学状况，防止形式化、表面化。课程思政与思政课程应同向同行，实现思政全覆盖，不留死角。在此过程中，思政课程与课程思政以及专业群思政这三者之间的关系如何处理，如何有效提高思政育人效果，在课程体系中如何安排，是需要特别考虑的问题。

⭐ 1.2.3 课程体系框架设计

1.2.3.1 "平台＋模块"课程体系框架

在设计职业院校专业群课程体系时，可借鉴学者们普遍认可的"平台＋模块"课程体系。"平台"课程由公共基础课程与专业群基础课程组成，"模块"课程由专业必修课程与专业选修课程组成。专业群课程体系框架在"平台＋模块"基础上进行细化，平台课程由公共基础平台课与专业群基础平台课构成，公共基础平台课又可细分为公共必修课和公共选修课，专业群基础平台课则可细分为专业群核心基础课、专业群共享基础课、专业群技术基础课。模块课程进一步细分为专业核心课、专业拓展课以及专业实践课。具体如图1-6所示。

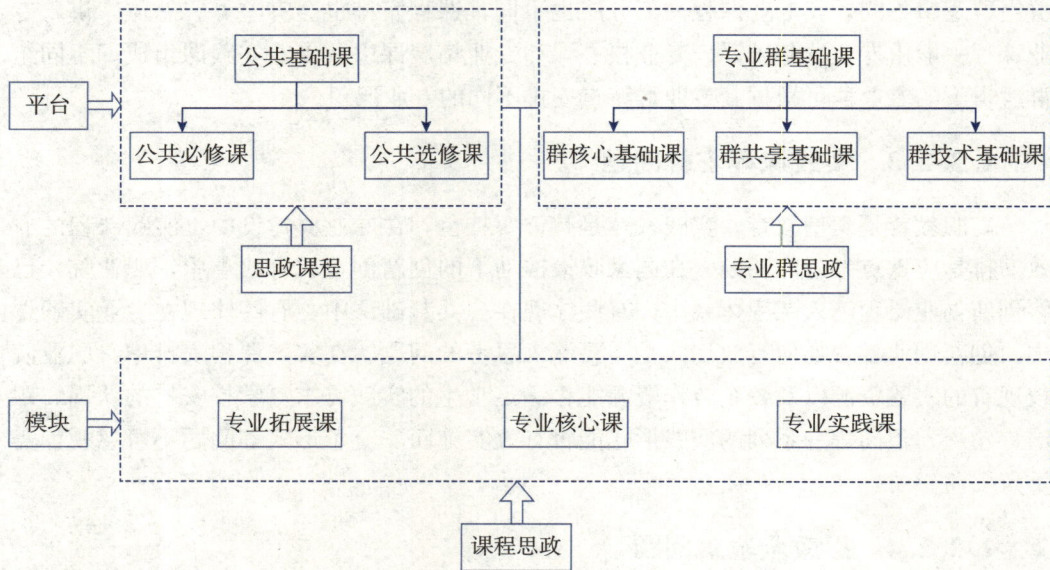

图1-6 专业群课程体系框架

1.2.3.2 课程设置

1. 平台课程

公共基础课严格按照教育部要求进行安排，其课程主要包括习近平新时代中国特色社会主义思想概论、思想道德修养与法律基础、毛泽东思想和中国特色社会主义理论体系概论、思政课程实践、形势与政策、心理健康教育、英语、数学、国家安全教育、军事理论与军事训练、创新创业教育、体育、劳动教育、中共党史、新中国史、职业规划、就业指导等。在专业群基础课方面，要根据不同的组群逻辑，设计不同的课程。专业群基础课应涵盖群内专业共通、共用、共享的课程，这些课程应是群内所有专业学生学习的课程，为后期深入学习各专业课程奠定基础。专业群基础课数量没有严格限定，一般根据专业群建设需要设计，目前在实践中，职业院校一般设置8～12门专业群基础课。

2. 模块课程

"模块"是根据不同专业设置的，由体现专业特色的课程组成。每一个模块都以工作任务或工作过程为依据，是围绕某一工作过程"必须、够用"的专业理论与专业技能的综合，是专业能力、方法能力和社会能力训练的综合。专业必修课模块为学生设计专业知识结构，夯实专业基础，形成基本的专业能力。专业选修课模块可以开拓学生的知识视野，跟踪学术前沿信息，培养学生的研究能力，提高学生的专业水平，也可以为学生在专业内更具个性地设计自我的发展提供条件。专业群内必然有多个专业，不同专业的特色及区别主要体现在专业核心课上，按照教育部发布的专业教学标准，专业核心课一般设置5～8门课程。专业拓展课作为帮助学生拓展专业知识的模块，可以细分为不同的方向课程，学生可以根据自身兴趣与未来发展需要，选择不同课程进行学习，专业选修课程也主要在这一模块中体现。专业实践课应充分考虑职业院校实际以及学生实践锻炼需要，采取层层递进、由浅入深的方式，不同学期安排不同的实践课程，并将实践技能和创新能力作为培养目标，注重将实践、创新意识有效融入实践课程中，以培养学生的实践技能和创新能力。

⭐ 1.2.4 建设案例

北京经济管理职业学院宝玉石鉴定与艺术专业群是北京市第一批特色高水平骨干专业群，在课程体系构建方面有着独特的思路与框架。该专业群依托国家级资源库，构建面向四类职业岗位的"模块化"课程。围绕专业群对应的"文化认知、鉴定检验、设计加工、营销管理"四类职业岗位，对接行业最新职业标准、行业标准和岗位规范，瞄准行业发展新模式、新业态、新流程、新规范，开发颗粒化资源25 301条，构建核心专业课程30门、微课类课程1 018门、典型工作任务课程74门，提供虚拟仿真案例52个及"互联网＋"资源库特色教材6本，形成了"专业课程＋培训课程＋拓展课程"的模块化课程体系，实现了"专业基础与核心课程通用，职业培训课程方向明确，高层拓展课程能力提升"，满足了教师、学生、企业人员和社会爱好者的"多样化发展"及未来"拓展提升"需求。

其课程体系框架如图1-7所示。

拓展课程		传统首饰设计与加工工艺	印石鉴定与赏析	首饰配饰艺术	观赏石评鉴
		贵金属加工工艺	流行饰品材料及工艺	人工宝石及宝石优化处理	珠宝首饰陈列艺术
培训课程	大师讲堂	设计大师课程	雕刻大师课程	玉雕大师课程	大师讲座
	职业培训课程	珠宝首饰赏析	（GAC）宝玉石鉴定师培训课程		首饰设计师职业培训课程
专业课程	对接岗位群	宝玉石鉴定	宝玉石加工	宝玉石设计	宝玉石营销
	专业核心课程	有机宝石鉴定	珠宝首饰典当实务	钻石鉴定与分级	首饰设计基础	珠宝首饰营销	常见玉石鉴定
		玉器设计与工艺	珠宝首饰CAD与CAM	有色宝石鉴定	首饰制作工艺	贵金属首饰检验	宝石加工与工艺
	专业基础课程	宝玉石鉴定仪器	宝玉石地质基础	宝石矿物肉眼与偏光显微镜鉴定	晶体与矿物认知	中国珠宝首饰传统文化	珠宝营销认知

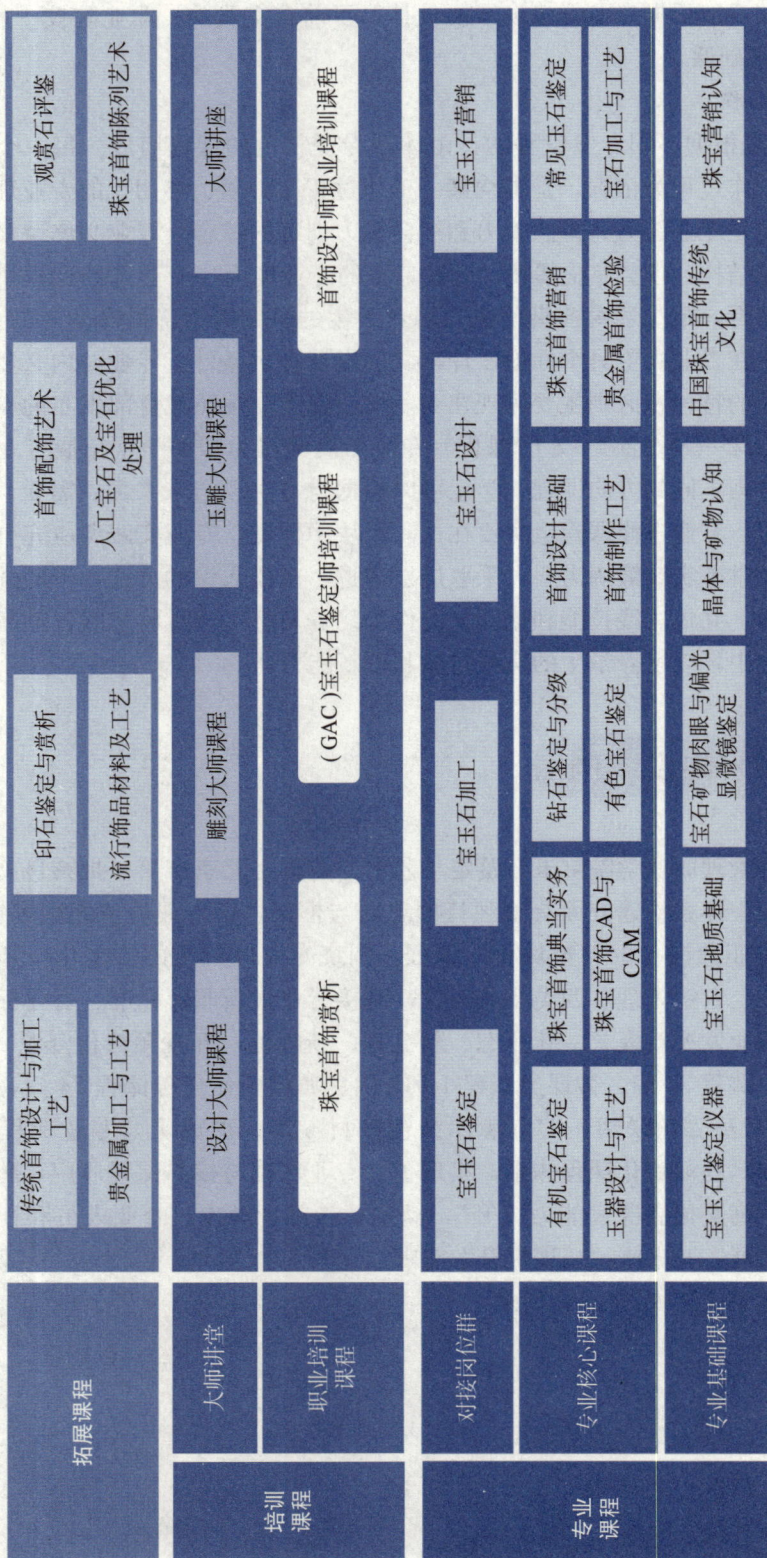

图 1-7 "专业课程＋培训课程＋拓展课程"的模块化课程体系框架

⭐ 1.2.5　课程体系框架设计再思考

从职业院校课程体系设计的实践来看，专业群课程体系基本采取了"平台＋模块"的框架，但对于"平台＋模块"这一框架的细化有所不同。对于课程体系框架，有以下几点思考。

1.2.5.1　课程体系框架应坚持稳定性与动态调整相统一

目前，专业群建设整体还处于摸索阶段，没有一个固定模式或者统一模板，在课程体系框架设计中，专业群课程开发应该以全面能力本位思想和系统论为指导，贯彻落实终身学习理念，遵循建构主义教学理论，围绕人才培养目标，进行课程体系的整体构建，重视课程设计、课程教学方案设计和课程资源开发，要突出教学策略设计、教学方法设计，同时贯穿可持续发展能力培养和绿色技能培养，形成服务于专业群培养目标的课程架构和资源支撑体系。在课程体系的构建过程中，专业群建设主体应进行充分的调研，包括区域、行业、企业、兄弟院校、毕业生等多个维度，结合自身实际与特点，确定课程体系，一旦确定成型，应保持课程体系总体框架的稳定性，不出现大的变动，这样专业群建设才具有持续性。但保持课程体系框架的稳定性并不意味着对于具体课程不做调整，社会发展日新月异，随着新技术、新情况的不断涌现，会出现部分课程尤其是技术类课程落后面临淘汰的情况，还会出现由于群内专业升级改造，需要加入新课程的情况。面对这些情况，在课程体系总体框架不动的前提下，对涉及的具体课程需要进行动态调整，否则会制约专业群的建设和发展。

1.2.5.2　课程体系应充分考虑"岗课赛证创"

课程体系设计应充分考虑企业需求，根据岗位特点和需求设计课程。同时，技能竞赛能极大地促进学生实践能力的提高，在课程设计中，职业院校应针对影响力大、与专业密切相关的技能竞赛开设专业课程，以赛促学、赛学相辅。专业群的各个专业均有对应的职业资格证书，这些证书有些是从业资格证书，有些是"1＋X"证书，职业院校应针对这些证书设置相应的课程。国家倡导创新创业教育，在课程体系中，应有系统的创新创业课程安排，为学生未来创新创业奠定坚实基础。有条件的职业院校，还可以为学生提供创新创业实践资源。

1.2.5.3　课程体系应使思政课程与课程思政相协调

解决好培养什么人、怎样培养人、为谁培养人这个根本问题，不仅是思政课程教师的责任，也是全体教师的责任。在公共基础课程中，思政课程有系统、完备的体系，而在专业课程中，一方面要有群思政思维，针对专业群，应充分挖掘其共性思政元素；另一方面在专业核心课、专业拓展课以及专业实践课中，其课程思政更具有针对性和专业性，课程思政元素的挖掘应与专业特点充分结合，根据课程思政的目标完善专业课程标准，细化教学设计，精选典型案例，在知识和技能目标基础上，找到专业课知识点与思政教育的结合点，有效实施，合理设计。

1.2.5.4　打破专业界限壁垒，建立优秀课程教学团队

课程体系是专业群课程建设的核心框架，课程之间如何增强联动、课程模块之间如何配合，是专业群课程建设需要着重思考和解决的问题。专业群课程与独立课程的不同之处在于，必须凸显"群集"的特征，发挥群内课程模块的联动和集聚效应，优化课程资源。专业群课程体系应打破专业界限壁垒，建立课程教学团队。群基础课是专业群所有学生都需要学习的课程，但群内专业面向不同，群基础课的教学侧重点存在差异，打破专业界限壁垒，建立优秀课程教学团队，能充分顾及群内专业特点，在共性教学中又保留个性指导。

1.2.5.5　课程体系中要有高质量示范课程

按照蚁群理论，课程体系中需要有统领专业群的高质量示范课程，以起到示范作用。职业院校在专业群建设中，一方面应做好积累和探索，积极参与各级别示范课程的申报；另一方面要按照相应级别的标准，设立校级示范课程，储备示范课程库，积极培养，重点突破。通过打造高质量示范课程，优化专业群课程体系，提升教学质量。

课程体系设计是专业群内涵建设的必然选择和应然归宿。没有系统、完善的课程体系，专业群建设就无从谈起。专业群建设需要对标国家教学标准，深挖课程思政，突出立德树人，厘清适合专业群的课程体系，从而探索出专业群建设的有效路径。

1.3　职业院校专业群课程体系培养目标

通常来说，职业院校的人才培养目标主要是为社会各行各业培养德育、体育、美育、智育、劳育等方面综合发展，并且在职业、实践与创造性方面有较高素养的高技能人才。而专业群课程体系的规划、设计与建设可以有效解决职业院校教育发展的内在需求，从而提升整个职业院校的核心竞争力。因此，职业院校专业群课程体系的建设是各个职业院校教学改革的重点。而专业群课程体系培养目标在整个培养体系中具有十分重要的意义。

★ 1.3.1 职业院校专业群课程体系培养目标的研究现状

1.3.1.1 国内关于职业院校专业群课程体系培养目标的研究

1. 职业院校专业群课程体系培养目标在不同时期的确立背景

我国按照职业教育不同阶段的发展特征，可以将职业教育的发展分为三个阶段，即初创阶段、快速发展阶段以及内涵发展阶段。在初创阶段，职业院校课程体系的培养目标有一个基本的立足点，那就是对教育结构平衡失调困境的改变，这也正是职业教育发展起步的一个契机，其发展情况与当时的时代背景密切相关。当时正值二十世纪八十年代，在国家发布的学科专业目录中，首次将职业技术教育学正式划分到教育学二级学科。快速发展阶段是二十世纪八十年代中期到二十一世纪初，在此阶段，具有相同专业基础课程与技能专业的"群集课程"诞生。内涵发展阶段是二十一世纪初至今，在此阶段，职业教育的培养目标已经不仅仅局限于从前的实践与技能层面，而是逐渐走向多元化，并向服务于国家战略需求层面的方向发展。

2. 职业院校专业群课程体系培养目标确立的契机

职业教育与普通教育具有本质区别，但在重要性方面，二者不相上下。尤其是在产业升级、经济社会快速发展、经济结构发生调整的新环境下，职业院校人才培养体系通过不断调整来发展自身，高技能人才在各行各业中越来越重要。因而职业教育的重要性也就愈加显著。事实上我国的职业技术教育从开始就一直受到国家的重视，甚至还成为国家教育建设中人力和智力支撑的重要一部分。且在职业教育不断进行改革、谋发展的过程中，国家也陆续出台了许多政策和相关的实施方案，使得如今职业教育的发展不仅可以与普通教育相提并论，还能在某些方面成为普通教育不可替代的存在。《国家职业教育改革实施方案》提出了我国职业教育改革的总体要求与目标，其中指出经过 5～10 年时间，职业教育基本完成由政府举办为主向政府统筹管理、社会多元办学的格局转变，由追求规模扩张向提高质量转变，由参照普通教育办学模式向企业社会参与、专业特色鲜明的类型教育转变，大幅提升新时代职业教育现代化水平，为促进经济社会发展和提高国家竞争力提供优质人才资源支撑。

3. 职业院校专业群课程体系培养目标的要求

在职业教育改革方案提出之前，怎样建设专业群课程体系、培养目标是什么就一直是近年来职业院校发展过程中的重要话题。通过对职业院校专业群课程体系案例的探讨可知，其建立并不是一蹴而就的，是随着时代发展尤其是市场变化等因素而动态变化的，它属于一个大的开放体系。职业院校培养体系受到诸多外部因素的影响，也间接使国内职业院校培养目标成为一个兼具动态性和开放性的范畴。国务院印发的《国家职业教育改革实施方案》中提及，职业教育接下来的目标是要建设 150 个骨干专业（群），职业院校以怎样的姿态构建专业群与专业群课程体系，又如何确定专业群人才培养目标，已经成为当前职业教育的焦点，其中对于课程体系模式的探讨是重要环节，而对人才培养目标的定位更是重中之重。

1.3.1.2　国外关于职业院校专业群课程体系培养目标的研究

我国职业教育在寻求发展的过程中借鉴了许多国外经验，在这些职业教育发达的国家中，德国一直被公认为是世界上技术人才培养水平最高的国家。德国的大学独立学科将职业教育容纳其中，这在世界范围内都是鲜见的。因为对职业教育的重视，德国职业教育水平领先于世界其他国家。因此，对于德国职业教育的研究，对我国职业教育发展具有十分重要的意义。

德国手工业发展具有悠久的历史，中世纪时，许多青年以能够成为一个"独立的手工业者"为目标，选择去做学徒，这在当时被广为认可，加之手工业在历史地位上的优越性，职业教育也被社会广泛认可，大众很乐意将自己的孩子送去"培训"以获得一份职业。在十八世纪中期，德国重化工业兴起，许多之前工商业时代的教育学校变成了职业技术院校，其以教授从事职业必需的知识与技能为目标，受到许多人青睐。与此同时，实科中学也在职业院校功能的基础上承担了部分职教职能。事实上，真正为职业教育奠定基础的是二十世纪三十年代末职业教育成为义务教育，之后因二战、"双元制"教育带来的影响，以及高等教育与职业教育之间的激烈碰撞，逐渐分化出了德国二十世纪六十年代之前的以研究为主题的大学、在普通教育改革之后形成的诸多由专业技术学校升级而来的具有职业针对性的大学，以及职业技术学院，其体系于此时趋于完整，并稳步发展至今。德国职业教育院校一直以来的"双元制"教育，也正是我国专业群课程理念提出的背景之一。

⭐ 1.3.2　职业院校专业群课程体系培养目标的定位

因为我国职业教育较许多国家来说起步较晚，所以无论是理论还是实践方面建设基础都相对薄弱，在培养目标定位方面也存在一些不足。就目前来说，我国很多职业院校课程体系的建立与培养目标之间存在着脱节或者不甚相符的情况。职业教育本身强调理念的应用性、技能性，考量的是学生知识、技能与素质三者的综合，注重的是毕业生素质与长远职业能力的培养。但在职业教育发展过程中，很多职业院校因为迫切追求"发展"，反而造成了欲速则不达的后果。

在职业院校中，出现了以下培养目标定位方面的误区：一是有的职业院校定位偏高，将自身的培养重心放在理论及研发设计层面；二是有的职业院校定位太低，单纯定位于培养低水平的技能操作人员和低层次的劳动人员。因为在定位上存在的误区，职业院校逐渐失去了自己原本的特色，毕业生在就业时难以找到适合自己的岗位，与其他就业层次的劳动者竞争同一岗位时没有自己的优势。职业教育在培养目标定位上存在的误区，对职业教育的发展产生了许多阻碍。所以在实践当中，应明确培养目标面向的工作岗位，专业群课程体系建设应依照培养目标展开，例如高等职业技术学校学生因为其毕业后的就业方向更倾向于企业技术管理，因此，应将其课程体系中的理论性部分有针对性地加强。

⭐ 1.3.3　职业院校专业群课程体系培养目标的内容

1.3.3.1　中等职业院校专业群课程体系的培养目标

中等职业院校的招收对象一般为初中毕业生，因此中等职业教育的培养目标应该是在九年义务教育的基础上，为国家、社会各行各业培养大量可用的技能型人才，以及具备良好科学、文化素养的劳动者。也就是说在素质教育基础上，培养现代劳动者和各行业的专业技术人才。

1.3.3.2　高等职业院校专业群课程体系的培养目标

高等职业院校的培养目标是使培养对象习得与拥有"就业能力"。其与普通教育的本质区别是职业院校更偏向于培养实用型、应用型和高技能人才。在此之前很长一段时间，职业教育的培养目标都定位于培养"实用型-应用型-技术型-技能型"人才，目前，综合各种因素，高等职业教育提出了"高技能人才"的培养目标。

1.3.3.3　职业院校专业群课程体系培养目标的基本内容

职业院校专业群课程体系培养目标的基本内容包括学生的综合素质、职业技术能力、创新创业能力等方面。首先，与普通教育相同的是，职业教育也是为了培养社会主义接班人。因此，德、智、体、美等方面的综合能力的培养是一切培养目标的基础。其次，职业院校的教育本身就存在针对性，它是一种职业教育。因此，职业技术能力的培养是重要环节。再次，职业教育也并非是单纯的综合素质与职业能力的组合，还需具备一定的"后劲"，俗称发展潜力，这是在普通教育中较受注重，而在职业教育中常常被忽略的内容。目前来说，职业教育专业群课程体系培养目标要在各大院校中达到理想状态，因为各种条件的束缚还需一段较长的路要走。同时，当前遇到的困境与挑战也确实在为我们敲响警钟，职业教育如果不在人才培养目标与培养方案上尽早进行改革，停滞于当前状态，止步不前，一无学历二无"职教"特色的职业教育，最终会面临被取代甚至被淘汰的境地。

⭐ 1.3.4　职业院校专业群课程体系培养目标与职业教育人才培养体系

按照许多发达国家的成功经验，职业教育人才培养体系应当与职业教育专业群课程体系培养目标具有较好的关联性与衔接性。但是目前在我国职业教育的发展当中，依然存在着培养目标与培养体系之间对位不齐、实践性不强的问题。培养目标来源于社会需求，当培养体系与培养目标之间产生脱节，各行业企业对技能型人才的真实需求将无法被现有的职业教育人才满足，这既不利于技能型人才的培养，也不利于职业教育的内涵式发展。

⭐ 1.3.5 职业院校专业群课程体系培养目标的原则和方向

1.3.5.1 职业院校专业群课程体系培养目标的原则

我国许多职业院校存在规划性与前瞻性弱的问题，这主要表现在课程体系混乱、课程重复与供求失衡上。许多职业院校在课程的设置上，往往只注重当前的市场需求。当前市场缺什么，学校就设置相应的专业和课程，学校这种短期行为弱化了市场"动态"与"发展"的特征，而给毕业生就业带来许多不良影响。由于职业教育的培养周期往往需要 2～3 年的时间，当一个培养周期结束后，起初的"热门"领域人才需求很可能已经趋于饱和，学生在学校所习得的知识与技能可能已经无法满足市场需求。因此，在落实培养目标时，应从实际出发，综合各方面因素对课程体系构建环节进行考量。

1.3.5.2 职业院校专业群课程体系培养目标的方向

1. 影响职业院校专业群课程体系培养目标的因素

（1）政府的影响。

政府对职业教育的统筹，主要表现在许多相关政策上，包括一些全国性质的统领性文件与地方政府的小范围调控。地方政府虽不至于对全国职业教育产生影响，但是对于本地域职业院校的发展却有很大的直接或者间接影响。如地方政府的就业准入制度造成就业"高门槛"，校企合作时政府指导作用"失声"而采取一系列非明智的直接干预与包干举措，使职业技术院校发展受到制约的同时，培养目标的定位也在一定程度上受到影响，造成定位误差，带来一系列不良后果。在国家层面，政府对于职业教育人才培养的统筹往往更多地起到正向指导作用，政府的一些政策、项目，往往直接或间接影响到职业教育培养目标的确立与调整。

（2）企业的影响。

从某些方面来说，国家许多政策的出台都源于"国情"，而对作为政策背景的国情的调查，站在市场调控角度，其中一部分决策数据就源于企业。企业作为职业院校与社会之间的"桥梁"，对于职业院校的发展有着不可替代的作用。目前，"校企合作"依旧是许多职业院校的核心教学模式。在"校企合作"模式下，企业需求对于培养目标也具有借鉴意义。这并非说明企业需求对培养目标具有决定作用，只是二者之间具备一定的关联性。

（3）学校的影响。

社会各企业对职业院校培养目标会产生有益或不利影响，同时职业院校培养模式也会对企业产生同等力量的反向作用。现在许多职业学校的教育模式是，学生先在学校里面学习，毕业前一学期或者半学期再去一些与之合作的企业实习。这种培养模式本身就有一定的弊端，不仅会使愿与之合作的企业热情锐减，还会使其原先的特色受到削弱，究其根本，问题主要出在学校对"高技能人才"职业能力内涵的把握上。因此，学校对于职业能力内涵的把握，也会影响到培养目标。职业能力不是对一种"技术"经过一学期甚至更短时间的突击而领会的操作技巧的熟练程度，而是一种综合能力，其在理论和实践上的较量不分伯仲。在专业群课程体系背景下，职业技术学校培养目标具有相同的规律。

（4）其他。

除了政府、企业、学校等，培养目标的影响因素还表现在许多方面，如市场、体制、国外成功案例对本土的影响等。以国外影响为例，职业教育发展水平较高的比利时、澳大利亚还有德国，其技术、应用、实用、高技能人才的培养目标都是在漫长的摸索过程中逐渐实现过渡，并在世界范围内取得极大成功的。然而，在我国对它们的成功经验进行单纯的复制却是行不通的，甚至会产生适得其反的效果。

2. 职业院校专业群课程体系培养目标的前瞻性研究

国务院印发的《"十四五"就业促进规划》中提出，到2025年要实现全国高技能人才总量稳步扩大的目标，将技术技能人才培养放在更加突出的位置从而缓解结构性的就业矛盾。这说明未来职业教育发展的空间与前景依然广阔，职业教育人才培养任务依旧繁重。同时，教育部在就印发《国家职业教育专业目录（2021年）》有关问题答记者问时介绍了该目录的研制背景与意义，指出该目录有望使各层次职业技能人才培养目标更加清晰，使目标与课程体系之间达成良好的衔接。与原《目录》相比，新版《目录》出于国家重点产业发展的要求，在人才培养目标方面做了适当调整，增设"集成电路""安全防范"等专业，并依据国情将与人口和计划生育等有关的专业做了撤销处理。由此可见，职业教育的培养目标顺应国内市场与国情的发展变化而调整。新版《目录》包括19个专业大类，在专业大类之下又设置97个专业类和1 349个专业，其中中职专业358个，高职专科专业744个，高职本科专业247个。

根据新版《目录》与"十四五"发展的对接，基本可以预测职业院校专业群课程体系的培养目标将会对以下方面有所倾斜：一是国家战略性新兴产业发展的高技能人才培养；二是婴幼儿托育、智慧健康养老、现代化家政等现代服务业重点领域高技能人才培养；三是传统与新兴专业结合领域的人才培养；四是新型基础设施建设相关专业的人才培养；此外还有数字产业化和产业数字化发展方向、乡村振兴战略实施、国家应急管理体系等领域的人才培养。所以在未来较长一段时间内，职业教育专业群课程体系的培养目标都将建立在"十四五"规划与2035年远景目标战略部署的基础上。

1.3.5.3 结语

职业院校专业群课程体系培养目标主要聚焦于人才培养，即无论使用怎样的教学模式，职业院校课程体系培养目标的核心问题都是为国家、社会培养什么样的人才。这一问题看似简单，却受到诸多因素的直接或间接影响，需要综合职业教育发展的历史背景、国外成功经验、国情政策等方面的研究，对其进行定位，制定出具体的具有实用性、指导性和前瞻性的培养目标，这样的培养目标对培养体系才具有科学的指导作用。

1.4 职业院校专业群课程体系能力导向内容结构

⭐ 1.4.1 产教融合培养金融人才

职业院校专业群课程体系必须突出体现能力本位、突出阐释能力目标、突出建构能力导向的职业教育特色。以金融专业人才培养为例，本小节将深度调研金融岗位所需的能力结构问题。

国家职业教育改革倡导对接产业需求的人才培养模式改革，深化校企合作协同育人，积极探索现代学徒制试点的人才培养模式。在数字财金专业群人才培养体系中，我们力求对接北京市银行业人才需求，这也是我们人才培养的重要领域，专业群与光大银行、招商银行、民生银行、浦发银行等有长期的合作，为其输送了一批批优秀毕业生，初步形成了分类培养、立体衔接、多样选择的培养机制和整体设计、系统培养、校企融合的培养模式。

专业群目前与光大银行达成战略合作，企业愿意为我们提供现代学徒制试点岗位，共同探讨、制定人才培养方案，这为我们入选教育部现代学徒制试点专业奠定了坚实的基础。

⭐ 1.4.2 银行业人才需求调研

基于良好的校企合作，我们通过校企专家座谈、合作企业访谈、国内外权威资料搜集、网络调研、数据分析整理等方法，对毕业生及网上人才市场的供求情况进行了调研，经过反复梳理、归纳分析，在分析典型职业的基础上，由银行企业专家列出了实习柜员/实习大堂岗、大堂经理岗、柜员岗、个人客户经理（理财）岗、银行对公客户经理（理财）岗等5个岗位，并系统梳理了各岗位的工作项目、工作任务、职业能力（详见表1-2至表1-6）。

表1-2 实习柜员/实习大堂岗

岗位名称：实习柜员/实习大堂岗

数据统计：工作项目 (2) 个　　工作任务 (7) 个　　职业能力 (15) 个

工作领域（项目）		工作任务		职业能力（技能、工具、方法、要求、知识）		能力要求		
序号	内容	序号	内容	序号	内容	高	中	低
1	业务技能	101	柜员服务行为规范	10101	仪容仪表规范得体	√		
				10102	三声服务：来有迎声、问有答声、走有送声	√		
				10103	标准化服务用语	√		
		102	单指单张点钞	10201	熟练掌握单指单张点钞手法	√		
				10202	掌握捆钞条捆钞技能	√		
				10203	最低标准为：12把/10分钟	√		
		103	汉字录入	10301	熟练使用拼音/五笔输入法	√		
				10302	最低标准为：40字/分钟	√		
		104	翻打百张	10401	熟练使用电脑键盘中的数字小键盘	√		
				10402	最低标准为：100张/4分钟	√		
2	业务知识	201	熟悉行内各项业务规则	20101	熟练各项业务办理流程、所需材料	√		
		202	熟练使用各种自助机具	20201	熟练使用厅堂自助机具	√		
				20202	能够对机具进行简单维护	√		
		203	熟练填写各类业务单据	20301	熟悉各项业务办理流程、所需材料	√		
				20302	熟悉各类单据填写规则	√		

表1-3 大堂经理岗

岗位名称：大堂经理岗

数据统计：工作项目（3）个　工作任务（15）个　职业能力（44）个

工作领域（项目）			工作任务		职业能力（技能、工具、方法、要求、知识）		能力要求		
序号	内容	序号	内容	序号	内容		高	中	低
1	业务技能	101	熟悉行内各项业务规则	10101	熟悉各项业务办理流程、所需材料		√		
		102	熟练使用各种自助机具	10201	熟练使用厅堂自助机具		√		
				10202	能够对机具进行简单维护		√		
		103	熟练填写各类业务单据	10301	熟悉各项业务办理流程、所需材料		√		
				10302	熟悉各类单据填写规则		√		
		104	大堂经理岗位认证	10401	通过行内大堂经理资质考试			√	
				10402	保持仪容仪表规范			√	
				10403	符合大堂经理行为规范			√	
				10404	使用大堂经理厅堂服务标准化用语			√	
		105	服务管理手语	10501	学会识别并使用简单服务管理手语		√		
2	厅堂服务	201	营业厅物品摆放	20101	熟知营业厅宣传栏、海报摆放规定		√		
				20102	熟知营业厅便民设施设备摆放规定		√		
				20103	熟知营业厅自助设备摆放规定		√		
		202	厅堂服务规范	20201	主动迎接客户、咨询业务需求		√		
				20202	有效识别客户、引导办理业务		√		
				20203	有效开展厅堂微沙龙		√		
				20204	客户离开时，主动送别		√		
				20205	符合大堂经理行为规范、使用标准化服务用语		√		

续表

序号	内容	序号	内容	序号	内容	高	中	低
2	厅堂服务	203	厅堂分流转介	20301	主动宣传行内产品和特色服务	√		
				20302	将有需求客户及时转介给客户经理或网点或岗位负责人	√		
				20303	根据业务流量合理安排营业窗口和岗位人员	√		
		204	突发事件处理	20401	维护网点正常秩序	√		
				20402	及时、耐心、妥善处理客户异议和意见	√		
				20403	避免与客户争执，主动化解厅堂矛盾	√		
				20404	第一时间处理投诉、上报网点负责人	√		
		205	厅堂环境检查维护	20501	随时检查大厅营业环境，保持干净整洁	√		
				20502	随时整理宣传材料	√		
				20503	按时检查自助设备运行情况	√		
				20504	随时监督柜台服务，纠正不规范服务行为	√		
				20505	维护营业厅正常秩序	√		
3	厅堂营销	301	存款业务营销	30101	熟悉行内存款业务		√	
				30102	有较强的沟通技巧、营销意识、服务能力		√	
		302	贷款业务营销	30201	熟悉行内贷款业务、初步掌握贷款知识		√	
				30202	有较强的沟通技巧、营销意识、服务能力		√	
				30203	有较强的风险识别能力和合规意识		√	
		303	个人金融指标营销	30301	熟悉行内各项个金指标	√		
				30302	有较强的沟通技巧、营销意识、服务能力	√		
				30303	能够有效识别客户	√		

续表

序号	内容	序号	内容	序号	内容	高	中	低
3	厅堂营销	304	公司与三农指标营销	30401	熟悉行内各项公司与三农业务指标		√	
				30402	有较强的沟通技巧、营销意识、服务能力		√	
				30403	能够有效识别客户		√	
		305	机构业务指标营销	30501	熟悉行内各项机构业务指标		√	
				30502	有较强的沟通技巧、营销意识、服务能力		√	
				30503	能够有效识别客户		√	

表1-4 柜员岗

岗位名称：柜员岗　　工作任务（20）个　　职业能力（54）个

数据统计：工作项目（4）个

工作领域（项目）		工作任务		职业能力（技能、工具、方法、要求、知识）		能力要求		
序号	内容	序号	内容	序号	内容	高	中	低
1	业务技能	101	基础计算机操作	10101	熟练掌握计算机的基础操作	√		
				10102	熟悉 Word、Excel 等办公软件的基础操作	√		
		102	单指单张点钞	10201	熟练掌握单指单张点钞手法	√		
				10202	掌握据钞条据抄技能	√		
				10203	最低标准为：12把/10分钟	√		
		103	汉字录入	10301	熟练使用拼音/五笔输入法	√		
				10302	最低标准为：40字/分钟	√		
		104	翻打百张	10401	熟练使用电脑键盘中的数字小键盘	√		
				10402	最低标准为：100张/4分钟	√		

续表

序号	内容	序号	内容	序号	内容	高	中	低
1	业务技能	105	柜员服务行为规范	10501	仪容仪表规范得体	√		
				10502	三声服务：来有迎声、问有答声、走有送声	√		
				10503	标准化服务用语	√		
2	柜面业务	201	存款业务	20101	熟练掌握各项存款业务办理规则	√		
				20102	熟练规范使用行内重要空白凭证	√		
				20103	熟练掌握存款计息规则和利率	√		
				20104	有较强的合规意识和风险识别能力	√		
		202	贷款业务	20201	熟练掌握各项贷款类贷款的基本常识		√	
				20202	熟练掌握各项贷款业务办理规则		√	
				20203	有较强的合规意识和风险识别能力	√		
		203	中间业务	20301	熟练掌握各项中间业务的办理规则和范围		√	
				20302	有较强的合规意识和风险识别能力	√		
		204	公共业务	20401	熟练掌握各项公共业务办理规则		√	
				20402	有较强的合规意识和风险识别能力	√		
		205	营销业务	20501	熟练掌握各项营销业务的办理规则	√		
				20502	通过行内投资理财认证考试	√		
				20503	通过基金从业资格考试	√		
				20504	有较强的合规意识和风险识别能力		√	
3	柜面营销	301	存款业务营销	30101	熟悉行内存款业务		√	
				30102	有较强的沟通技巧、营销意识、服务能力		√	

续表

序号	内容	序号	内容	序号	内容	高	中	低
3	柜面营销	302	贷款业务营销	30201	熟悉行内贷款业务，初步掌握贷款知识		√	
				30202	较强的沟通技巧，营销意识，服务能力		√	
				30203	有较强的风险识别能力和合规意识		√	
		303	个人金融指标营销	30301	熟悉行内各项个金指标	√		
				30302	有较强的沟通技巧，营销意识，服务能力	√		
				30303	能够有效识别客户	√		
		304	公司与三农指标营销	30401	熟悉行内各项公司与三农业务指标		√	
				30402	有较强的沟通技巧，营销意识，服务能力		√	
				30403	能够有效识别客户		√	
		305	机构业务指标营销	30501	熟悉行内各项机构业务指标		√	
				30502	有较强的沟通技巧，营销意识，服务能力		√	
				30503	能够有效识别客户		√	
4	货币业务	401	假币识别与收缴	40101	通过反假货币考试并取得证书	√		
				40102	能够有效鉴别假币	√		
				40103	熟练掌握假币收缴流程	√		
				40104	积极进行反假货币宣传		√	
		402	残缺、污损人民币兑换	40201	掌握残缺、污损人民币鉴别标准	√		
				40202	掌握残缺污损人民币兑换标准	√		
		403	零钞清点、兑换	40301	掌握流通人民币币种类	√		
				40302	掌握停止流通人民币种类	√		
				40303	能够鉴别各类纪念钞/币		√	

续表

序号	内容	序号	内容	高	中	低
4	货币业务	404	反洗钱管理			
		40401	熟悉反洗钱法律法规		√	
		40402	有效识别反洗钱账户		√	
		40403	准确撰写反洗钱报告		√	
		405	外币兑换			
		40501	熟悉行内外币兑换业务		√	

表 1-5 个人客户经理（理财）岗

岗位名称：个人客户经理（理财）岗

数据统计：工作项目（5）个　工作任务（17）个　职业能力（46）个

工作领域（项目）		工作任务		职业能力（技能、工具、方法、要求、知识）		能力要求		
序号	内容	序号	内容	序号	内容	高	中	低
1	客户挖掘与培育	101	存量客户发掘与识别	10101	熟练运用 PCRM（个人客户关系系统）	√		
				10102	有效进行 KYC（了解你的客户）	√		
		102	新客户拓展	10201	存量客户推介	√		
				10202	陌生客户拜访	√		
				10203	柜员/大厅经理转介绍客户	√		
		103	营销推广产品服务	10301	熟悉行内各类产品并知晓业务办理规则	√		
				10302	每日电话营销	√		
				10303	厅堂微沙龙营销	√		
				10304	熟练运用微信/短信进行产品推广	√		
		104	提升客户资产和贡献度	10401	贵宾客户专属服务	√		
				10402	定期拜访客户	√		
				10403	深入了解客户，开展针对性营销	√		

续表

序号	内容	序号	内容	序号	内容（个人客户关系系统）	高	中	低
2	客户关系维护	201	建立、管理客户档案	20101	熟练运用PCRM（个人客户关系系统）	√		
				20102	及时准确录入、更新、补充客户信息	√		
				20103	在系统内为客户进行标签分组	√		
		202	建立长期合作关系	20201	了解掌握优质客户信息	√		
				20202	明确与客户的联系方式和信息传递方式	√		
		203	提供增值服务	20301	为优质客户提供优先权、优惠、增值服务、忠诚度		√	
		204	提升客户满意度	20401	有计划、规范性地进行客户关系维护，提高客户满意度	√		
				20402	及时回访客户，发现客户需求和提升体验	√		
3	专业化理财服务	301	投资理财建议	30101	通过行内个人客户经理资格考试并取得证书	√		
				30102	通过银行从业资格考试并取得证书	√		
				30103	通过基金从业资格考试并取得证书	√		
				30104	根据客户风险级别提供资产配置方案	√		
				30105	密切关注宏观经济和产品业绩变化，及时沟通联系	√		
				30106	定期调整方案			
		302	客户信息跟踪	30201	密切关注客户资金动向	√		
				30202	定期通过电话拜访、上门拜访、沙龙活动与客户沟通		√	
		303	客户交易风险披露	30301	定期对客户进行尽职调查		√	
				30302	定期了解客户的财务状况、业务状况和风险承受能力	√		
				30303	对推荐产品及服务涉及的法律风险、政策风险进行充分提示	√		
		304	信息上报和反馈	30401	定期向个人金融部及所在网点上报客户发展、销售进展和市场需求动态信息		√	

续表

序号	内容	序号	内容	序号	内容	高	中	低
4	收集市场动态信息	401	关注市场动态	40101	关注每日证券市场动态	√		
				40102	关注每日贵金属市场动态	√		
				40103	关注每日基金市场动态	√		
		402	收集同业信息	40201	关注同业理财市场产品动态	√		
				40202	关注同业存款利率、大额存单利率动态	√		
				40203	关注同业贷款产品动态（包含信用卡）	√		
		403	定期客户回访和需求反馈	40301	根据客户等级设置回访名单	√		
				40302	及时了解客户动态和产品需求	√		
				40303	及时总结反馈支行和业务部门		√	
5	参与策划营销活动	501	策划组织网点沙龙	50101	每天组织厅堂微沙龙	√		
				50102	按月组织网点贵宾客户产品沙龙	√		
				50103	根据支行重点产品推广安排不定期组织客户沙龙活动		√	
		502	参与协助支行营销	50201	协助支行进行重点项目营销		√	
				50202	协助支行举办营销沙龙活动		√	

表1-6 银行对公客户经理（理财）岗

岗位名称：银行对公客户经理（理财）岗

数据统计：工作项目（3）个　　工作任务（8）个　　职业能力（25）个

工作领域（项目）		工作任务		职业能力（技能、工具、方法、要求、知识）		能力要求		
序号	内容	序号	内容	序号	内容	高	中	低
1	贷款业务知识	101	熟悉贷款产品	10101	通过行内对公客户经理考试并取得证书	√		
				10102	熟练掌握贷款产品特征及风险处理流程、业务办理流程	√		
				10103	及时学习和更新业务知识和技能，不断提升专业能力	√		

续表

序号	内容	序号	内容	序号	内容	高	中	低
1	贷款业务知识	102	熟知市场信息	10201	关注央行贷款利率变动	√		
				10202	关注票据贴现利率变动	√		
				10203	关注同业贷款产品变化	√		
2	客户维护与拓展	201	存量客户维护	20101	熟练运用CCRM（对公客户关系系统）	√		
				20102	与客户积极沟通，分析和发掘客户需求	√		
				20103	有效进行KYC（了解你的客户）	√		
		202	新客户拓展	20201	存量客户推介		√	
				20202	陌生客户拜访	√		
				20203	积极参与市场营销策划方案设计、协助组织实施	√		
		203	业务风险防范	20301	规范执行行内政策、制度和业务操作流程	√		
				20302	严格执行法人客户贷款业务流程	√		
				20303	认真履行贷前调查、贷后检查职责	√		
				20304	关注借款人偿还能力的变化及保证人状况的变化	√		
				20305	及时采取防范措施化解风险，并向有关部门领导和领导汇报		√	
3	客户关系维护	301	建立、管理客户档案	30101	熟练运用CCRM（对公客户关系系统）		√	
				30102	建立客户档案，收集客户及同业相关信息		√	
				30103	在系统内为客户进行标签分组		√	
		302	建立长期合作关系	30201	拓展行内资产、负债和中间业务产品		√	
				30202	明确与客户的联系方式和信息传递方式		√	
				30203	努力为客户提供一揽子金融服务		√	
		303	提升客户满意度	30301	及时了解客户需求，帮助客户了解和选择我行业务品种	√		
				30302	努力与客户建立长期稳定的合作关系，提高客户忠诚度和综合贡献度	√		

1.4.3 银行业新型人才需求调研

近年来，大数据、云计算、区块链、人工智能和物联网等科技普遍应用于商业银行的金融服务、产品营销、风险控制、成本管理等业务，在提高金融服务效率、实现业务创新的同时，创造了一系列新的银行岗位。我们根据本次调研，总结出了三大类共七个新型银行岗位，并系统分析了各岗位的能力需求（见表1-7）。

表1-7 新型银行岗位

岗位类别	岗位	能力需求
新型服务类岗位	智能客服辅助员	协助办理智能客服无法处理的各项业务，熟悉各项业务办理流程、所需材料，熟悉各类在线表格填写规则
	远程柜员	熟悉各项业务办理流程、所需材料，熟练使用厅堂自助机具，能够对机具进行简单维护，熟悉各项业务办理流程、所需材料，熟悉各类单据填写规则
	智能机使用引导员	熟悉厅堂智能机各项业务办理流程、所需材料，熟练使用厅堂自助机具，熟悉各类单据填写规则，主动宣传行内产品和特色服务；将有需求客户及时转介给客户经理或网点负责人；根据业务流量合理安排营业窗口和岗位人员；能够进行厅堂微沙龙营销
新型营销类岗位	银行产品数字化营销员	能够使用银行提供的分析模型和数据，使用大数据对潜在客户进行画像，匹配相应期限、风险、收益的银行产品，进行精准营销；使用数字化工具或途径开展营销
	抖音等平台直播营销员	精通微视频营销技能；熟悉行内各类产品并知晓业务办理规则，能够进行电话营销、在线活动营销，熟练运用抖音、微信视频号进行产品推广
新型风控类岗位	信用卡服务专员	能够开拓和维护信用卡客户，运用大数据风控分析客户信用情况，制定服务策略，提供信用卡分期服务，对信用卡客户进行信用风险管理
	大数据风控专员	运用大数据风控建模进行数据分析，制定大数据风控策略，实施智能催收，对信用卡客户进行信用风险管理以及反欺诈管理

通过上述调查研究，明确了银行业需要的人才岗位类别和技能，以及学校与企业合作培养人才的重要性，有助于进一步形成产教融合的专业发展战略。职业院校与银行以产教融合方式合作，由原来的院校单一人才培养，转向技术岗位匹配、技能和培养方式开发、成果转化，高职院校教师不再是单一地、被动地按企业的要求培养人才，而是要充分发挥主观能动性，积极融入企业业务、岗位、发展需求，创新实用型科研成果。校企合作，互为依托，促进互联网金融专业产教融合，其载体在于人才培养方案和教学课程实施，同时也在于学徒制岗位推进，更在于创新教学科研成果的转化、应用。

1.5 职业院校专业群课程体系教学方法

教育作为一种社会实践活动，总是随着社会生产的发展而发展。从文字的出现、印刷术的发明，到计算机、互联网的出现，教育方式方法也随之发生了一次又一次的变革。随着数字化时代的到来，教育必然要经历又一次自我革命，职业教育也不例外。职业教育，作为一种类型教育，其存在与发展更是与社会实践紧密相连。数字化时代职业教育的变革，包括人才培养模式的变革、课程体系的重构、教材的建设等方面。其中至关重要的一项内容是，在基础的课程层面，去优化、创新课堂教学策略与方法，正如教育部高教司司长吴岩曾经指出的："高等学校的教学改革，改到深处是课程，改到痛处是教师""再先进的教育理念、再前沿的教学内容，都必须通过好的课程，才能真正作用在学生身上"。好的课程，需要教学活动、教学方法的不断优化。

1.5.1 教学方法优化的理论基础：现代教育与学习理论

1.5.1.1 现代教育理论

学者们普遍认为，人本主义教学理论、结构主义教学理论、建构主义教学理论、发展性教学理论、合作教育学理论、教学过程最优化理论是当代高校教学方法的理论基础。

人本主义教学理论认为，教学应以学生为中心，教师不是直接教学生，而是扮演促进者角色，促进学生学习；教师不是教学生怎样学，而是提供学习的手段，由学生决定怎样学，让学生学会选择，学会创造，学会自我评价。教师需要思考的是：如何提出真实的问题；如何激发学生的求知欲、好奇心和学习动机；创设怎样的学习条件、情境；怎样组织探索性的学习活动；等等。

结构主义教学理论主张，让学生去发现问题，在解决问题的过程中掌握学科的基本结构。为此，教师要根据教学目标提出问题，或让学生在学习过程中发现问题；要引导学生通过思考提出解决问题的各种假设；要协助学生收集和组织有关资料，并引导学生查阅资料、对资料进行全面分析，最后使问题得到解决。

建构主义教学理论认为，学习是学习者主动建构知识的过程，学生不是被动的刺激接受者和被灌输者，而是学习活动的主动建构者，教学要以学生为中心，教师是学生学习活动的帮助者、促进者，要利用情境、合作、会话等学习环境因素调动学生积极性。

发展性教学理论认为，教育学应当以学生未来的发展作为方向，主张教学要使学生的发展取得最好的效果，要使教育教学的过程对学生的一般发展产生最大的功效。

合作教育学理论认为，教学要以学生的发展为目标；要创设提倡合作的课堂学习环境，强调教师和学生之间、学生与学生之间的合作关系，使学生感到自己与教师处于平等地位，是独立自主的主体，不仅是教学活动的参加者，而且是教学活动的创造者。

教学过程最优化理论认为，选择教学过程的最优方案，就是选出最适当的任务、内容、方法、手段、形式以及速度。要明确认识到教学方法的多样性，注意各种方法的优化组合，发挥整体效能。

多年以来，无论是职业教育还是普通高等教育，传统教学通常都是以教师为"主体"，注重传授系统的科学知识，"一节课、一张嘴、一本书、一支粉笔、一块黑板"，老师们通过描述、解释、推演各种概念、原则、方法等知识，尽可能使学生在较短时间内获得大量系统的科学知识。这样的课堂教学不乏成功典范，若有学富五车同时循循善诱的教师，这样的课堂也可以是精彩纷呈的，也可以是高效率、高产出的。然而，近些年来，这种课堂教学却广受诟病，因为在这种教学模式下，多数学生只是被动地听老师讲授内容，出现了"头不抬、眼不睁、嘴不张、手不动"的现象，学生主体地位被忽视。与传统教学不同，现代教学理论则越来越强调"以学生为主体""师生平等合作"，重学生探索、轻教师灌输，重能力培养、轻知识传授，注重各种教学内容与方法的优化。教学方法的优化，一方面包括教学目标、教学环境、技术条件的优化，另一方面还包括各种教学方法的优化组合，也即混合式教学。

1.5.1.2 现代学习理论

学习理论简称"学习论"，是指说明学习的性质、过程和影响学习的因素的各种学说，一般分为两大理论体系：刺激-反应理论（联结主义或行为主义）和认知理论。刺激-反应理论把学习看作刺激与反应之间联结的建立或习惯的形成过程，认为学习是自发地"尝试错误"的过程。认知理论认为学习是一种组织作用，是对情境的认知、顿悟和理解，是知觉的再构造或认知结构的变化。现代学习理论具有兼容并蓄的特征，许多学习理论兼有两种理论的某些观点和看法。

刺激-反应理论强调以刺激和反应建立直接联结，在刺激-反应联结之中，个体学到的是习惯，而习惯是反复练习与强化的结果。在教学过程中，教师要积极应对学生做出的每一个反应，并对学生做出的正确反应予以正确的强化。学习的过程是在个体、环境和行为三者之间的相互作用下发生的，行为和环境是可以通过特定的组织加以改变的。

认知学习理论认为，学习是主动地在头脑内部构造认知结构的过程，学生当前的学习依赖于他原有的认知结构和当前的刺激情境；强调学校教学的主要任务就是要主动地更新学生旧的认知结构，使其能够用新的认知方式来感知周围世界。

建构主义理论强调学生是以自己的经验为基础来建构现实，或者至少说是在解释现实；强调应当把学习者原有的知识经验作为新知识的生长点，引导学习者从原有的知识经验中生成新的知识经验。

信息加工理论认为，学习是学习者摄取信息的一种程式。所接收的信息经过学习者的不断复述进入人的长时记忆系统，被永久保存下来。学习者自发的控制和积极的预期是制约课堂教学有效性的决定因素。为了高效率地学习，学习者必须对一些刺激做出反应，做好接受刺激的心理准备。另外，预期的内容能使学习者产生一种连续的学习定势，完成对学习者"头脑中已有"目标的应答。

陶行知说："教的法子要根据学的法子；学的法子要根据做的法子""事怎样做就怎样学；怎样学就怎样教"。理想的教学方法是教师"教"的模式与学生"学"的模式相契合，运用合适的技术手段、方式方法，师生共同参与，完成共同的任务，达成特定的教学目标。

⭐ 1.5.2　数字化时代职业院校专业群教学方法优化原则

所谓教学方法，是指在教学过程中教师与学生为实现教学目的和达到教学任务要求，在教学活动中所采取的行为方式的总称。教学方法通常会受到教学组织形式的影响和制约。具体而言，教学方法应根据特定的教学目标、学生特点、学科特点、教师特点、教学环境、教学时间、教学技术条件等进行选择。

1.5.2.1　适应数字化时代要求，嵌入"信息素养的培养"

数字技术的发展和应用推动了自动化和智能化的发展，丰富了企业实施生产过程、组织调控、合作方式和商业模式的手段，改变了经济生产实践的基本面貌，给整个经济与社会带来了深远影响。随着数字经济、人工智能和企业生产智能化、数字化进程的蓬勃发展，企业和技术工人必须具备更高的与数字化相关的信息素质和数字技能。

2015年，美国大学与研究图书馆协会（ACRL）发布了《高等教育信息素养框架》，该框架将信息素养定义为"包括对信息的反思性发现，对信息如何产生和评价的理解，以及利用信息创造新知识并合理参与学习团体的一组综合能力"。其中，对信息的反思性发现，是指当产生信息需求时，能够识别到信息需求，能快速查找到信息，并筛选出有价值的信息；理解信息的产生和评价，是指认识信息源的产生原理与过程，并掌握信息源评价方法；利用信息创造新知识，是指将新得到的信息融入已有的知识结构，产生新知识，从而解决实际问题；合理参与学习团体，则是指合理合法使用信息，分享自己的研究成果与知识，不传播虚假信息。

一般而言，信息素养的养成，需要注意培养以下六种能力：第一，信息需求识别能力，在遇到问题时，能将问题转换为具体的信息需求；第二，信息检索能力，选择适宜的检索系统高效检索信息；第三，信息获取能力，选择适宜的路径、工具、平台获取信息；第四，信息评价能力，评价、筛选有用信息，基于有用信息开展相关事物评价；第五，信息管理能力；第六，信息应用能力。此外还有很重要的一点，即遵守社会公德，也就是信息伦理，包括知识产权保护、隐私保护等。

信息素养的培养并非游离于课程之外，而应该是嵌入课程学习之中的，有的院校将培养信息素质作为一门新的信息素养课程，事实上，除了在教学方案中额外增加有关信息素养的课程以外，在各类课程教学中，均可以嵌入信息素养培养的教学目标和信息素养训练的教学情境。要实现真正的嵌入就一定要有整合的意识，运用整合的原则，将信息的检索、利用、管理等的教学作为课程目标的有机组成部分，在进行教学内容、教学方法设计时，将信息素养培养的内容嵌入专业课程内容之中。无论是情境式教学还是问题导向教学，均可以通过整合的方式，将信息素养、数字能力的培养嵌入教学过程中。学生是探索的主体，教师作为引导者，一方面要引导问题的发现、问题的研究以及问题的解决；另一方面要提示信息源，分享信息搜索结果，与学生共同评价信息。

1.5.2.2 实践"学生为主体"的教学理念，以"学的方式"匹配"教的方式"

苏联教育学家苏霍姆林斯基说："请记住，没有也不可能有抽象的学生""教育和教学的艺术和技艺，是发挥每个学生的力量和可能性，使他们感受到在脑力劳动中取得成绩的喜悦"。为了给职业教育阶段的学习者个体提供最适合的教育教学，教育者就必须理解学习者是怎样学习的。

按学习者获取信息的感官，即 VAK 学习类型模型，可将学习者分为视觉型（Visual）、听觉型（Auditory）和触觉型（Kinaesthetic）三类。按照学习者与他人之间的互动关系分类，可将学习者分为社交型和自主型两类。按照整体型与分析型学习者模型，可将学习者分为两类，一类为整体型学习者，他们在学习中更关注整体的框架；另一类为分析型学习者，他们倾向于在学习过程中了解到事实、数据，希望循序渐进地了解新的信息，更易接受拆分得比较小的信息模块。按照 PART 学习类型模型，可将学习者划分为实用派（Pragmatist）、行动派（Activist）、反思派（Reflector）和理论派（Theorist）。实用派关心所学内容的实际价值、现实意义；行动派偏好做中学；反思派倾向于观察进而思考；理论派则更希望在实践操作之前了解相关理论。上述分类可参考表 1-8。

正如学习者有着不同的学习类型和学习偏好，教师也有不同的教学方式。即便是同一节课，不同的老师也会以不同的方式来开展教学。按照教师教学方式的不同，可将教学类型划分为四种，分别是讲授型、示范型、引导型和顾问型。讲授型属于传统教学方式，教师通常以讲解或者演讲的方式开展教学，教师相信学生可以通过倾听获取到绝大多数的信息，不强调学生参与课堂活动；示范型强调做演示、提供模板，教师向学生示范操作流程以及操作技能，之后指导学生操作、应用相关的知识与技能；引导型通常会开展小组活动，通过小组活动引导学习，要求学生积极参与活动，并与

表 1-8　学习者分类

学习者类型		适合的学习活动	适合的教学方式
按学习者获取信息的感官分类	视觉型	观看图表、道具、手册、操作演示、视频	讲授型示范型引导型顾问型
	听觉型	倾听讲座、讨论、音频	
	触觉型	团队活动、角色扮演、手工制作等	
按学习者与他人之间的互动关系分类	社交型	团队活动、讨论	
	自主型	阅读、演讲、演示	
按整体型与分析型学习者模型分类	整体型	具有实践价值的活动、团队活动	
	分析型	根据事实、数据等分析问题、解决问题	
按 PART 学习类型模型分类	实用派	案例研究、讨论、解决问题	
	行动派	小组讨论、头脑风暴、角色扮演	
	反思派	个别任务、一对一讨论、访谈	
	理论派	阅读、研究模型、统计分析	

其他学生合作完成；顾问型则强调由学生独立完成各自的项目，当学生需要的时候，教师给予相应的协助。

当学习者、教师都不再被视作一个群体或集体，而是不同的个体时，不难发现，学习者的"学"以及教师的"教"均存在着高度异质性。最理想的方式是，为不同的学习者匹配不同的教学方式。例如听觉型学习者与讲授型教学方式相匹配，视觉型学习者与示范型教学方式相匹配，触觉型与引导型、顾问型教学方式相匹配等。然而，现实中具体课堂、特定教师与学生个体，存在着极大的差异性，传统的单一课堂教学模式很难实现"教"与"学"的契合。这就需要教师提供混合式、多样化、灵活的教学方式方法的安排，通过丰富的教学资源，提供线上线下、课前课后学习资源的选择；通过多种教学任务，提供课前、课中、课后学习活动的选择，发挥学生的积极性、主动性，促使学生去匹配适合自己的教学方式，使自己的学习效果最大化。

1.5.2.3　应用现代教育技术，创设个性化、多样化的混合式智慧学习环境

《教育大辞典》将"教育技术"定义为："人类在教育活动中所采用的一切技术手段的总和，包括物化形态的技术和智能形态的技术两大类。"这里所提到的教育技术指的是在教育过程中所用到的各种物化形态技术的总称。从最基本的黑板、粉笔、文字教材、教具、投影仪、幻灯机、视频展示台到多媒体计算机、计算机双向传输交互网络系统等，都是教育技术的物化形态部分。现代教育技术则以信息技术为主要依托，是采用信息技术的教育技术手段组成的系统，包括微电子技术、多媒体技术、计算机技术、计算机网络技术和远距离通信技术等在教育领域的应用。现代教育技术一方面更加强调现代的信息技术，比如计算机、多媒体、网络、人工智能、虚拟现实等新媒体技术的应用；另一方面并不忽视或抵制传统媒体技术的应用。

以网络技术为基础建立智慧学习环境，可以使每个学习者随时随地接入网络获取信息，获得个性化的学习资源，还可以与其他学习者进行学习交流与分享。同时，以每个学习者的实际需求为依据，为其提供个性化的学习支持与服务，并对其学习成果进行翔实的记录与科学的分析。在智慧学习环境中，教师更多的是充当领路人、监控者、督导者的角色，在学生进行网络学习时为其提供网络和学习软件等方面的指导；借助于网络对学生的实际学习情况进行大数据分析，继而制定针对性的教学方法，促进学生的个性发展；利用学生学习行为的大数据对学生的学习效果进行评价，使学生对自己有更加全面的认识，继而促使学习者的学习能力不断得到提升。

智慧课堂利用大数据、云计算、物联网和移动互联网等新一代信息技术打造，基于动态学习数据分析和"云、网、端"的运用，实现教学决策数据化、评价反馈即时化、交流互动立体化、资源推送智能化，创设有利于协作交流和富有智慧的学习环境，通过智慧高效的教与学，使全体学生实现符合个性化成长规律的智慧发展。智慧课堂采取"云、网、端"的服务方式部署其信息化平台，通过教室内多种终端设备的连接和智能化运用，打破传统教室的黑板、讲台和投影以及课内课外、校内校外的时空概念，形成智慧学习环境。基于智慧课堂信息化平台，通过线上渠道，课前发布预习材料和作业，并进行预习测评和反馈，深化学情分析，实现以学定教，优化教学预设，便于精准教学；课中通过推送随堂测验，进行实时检测和数据分析，及时改进教学策略，调整教学进程；课后通过多元化个性化作业推送批改和数据分析，实施针对性辅导和分层作业，真正实现因材施教。在智慧课堂的实践应用上实施课内课外、线上线下的混合式智慧教学。

1.5.3 数字化时代高职教学方法优化案例："混合八式"教学法

"混合八式"教学法正是基于上述理念与原则所开发和设计的一种教学法。"混合八式"并非仅仅是线上线下的混合，而是基于专业能力、信息素养、思政修养的培养，以学生为主体的一种综合教育模式构架。数字财金专业群中的课程教学对其进行了实践探索，围绕教、学、习、练、浸、法、评、测八个方面密切配合开展教学活动，如图1-8所示。

"混合八式"的内在含义，指形成一套结构完备、行之有效的线上线下创新人才培养模式，开发一个具体的实施方案，不局限于空间的线上线下混合式，还包括环境资源的混合式配置、师生身份角色的混合式人设、教学方式的混合式设计、教学评价主体和评价方式的混合式规划，以及对学生个性化关怀的混合式安排。

"混合八式"的八大要素分别是：（1）教，坐标教师端，是指教师团队在充分分析学情的基础上，研透授课内容，营造学习环境，设计教学任务，明确设定知识、能力、素养目标，依托小规模限制性在线课程（SPOC）和大型开放式网络课程

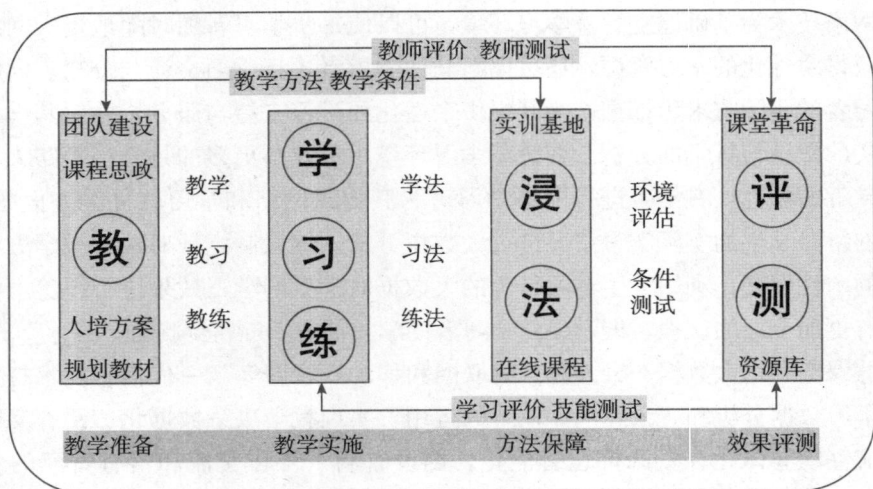

图1-8 "混合八式"教学法

（MOOC）开展线上线下教学；（2）学，坐标学生端，是指学生在教师的指导下，开展三阶段学习，包括课前线上自主学习、课中线下完成任务和课后线上知识迁移，引导学生充分利用丰富的慕课资源，培养自主学习能力；（3）习，坐标学生端，是指学生在前期学习的基础上，线上习得知识，线下习得能力，全线习得素养；（4）练，坐标学生端，是指本模式里的实践环节，即学生在校学习期间，在教室里练本领，到企业练技能，在实训室里练操作，获得技能升华；（5）浸，坐标教学条件保障端，是指基于数字财金专业群各门课程教学的保障条件、数字技术，借助AI、AR、VR、动画、视频、沉浸式环境、虚拟仿真、虚拟现实等新兴技术和工作环境，让学生身临其境，培养学生好学、乐学的情绪；（6）法，坐标教学条件保障端，是指根据不同的学习任务，教师指导学生采取协作式、探究式、讨论式、体验式、项目式、做中学、讲中学、竞赛式的学习方法，让知识技能内化于心；（7）评，坐标教学评价端，是本模式的学习成果检验环节，包括老师评、学生自评、学生互评、AI评、企业评、家长评等，六维互补，全视角综合、客观、真实地评价学生学习结果；（8）测，坐标教学评价端，包括课前预习测试，课堂线上测试，笔试，综合技能模拟能力过关，以及技能考核、技能鉴定、技能竞赛等。"混合八式"通过教、学、习、练、浸、法、评、测八个方面密切配合开展课堂教学。

第一，以专业能力、信息素养、思政修养的培养为目标，开展混合式教学。

在教学过程中根据不同的知识、技能、素质目标，设计"八大式""八大法"，以学生为课堂主体，采取多种教学方式开展混合式教学，如图1-9所示。安排情景模拟、案例分析、角色扮演以及仿真实操等提升学生的参与度、主动性、积极性。通过动机激发、开放课堂、动画演示等提升学生学习兴趣，解决学生被动学习甚至不学习的问题。将课内课外相结合，充分利用网络课程资源、信息资源，培养专业技能的同时，提升学生信息素养；将政治认同、家国情怀、文化素养、法治意识、道德修养等

项目式
合作式
多学科融合式
沉浸式
AI辅助式
体验式
探究式
做中学方式

八大式

八大法

动机激发法
情景模拟法
开放课堂法
分组讨论法
动画演示法
案例分析法
角色扮演法
仿真实操法

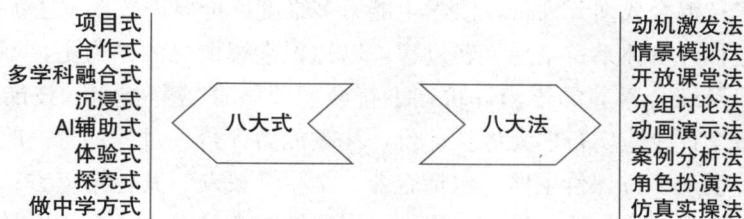

图 1-9 "八大式"和"八大法"

要素融入"任务情境""典型案例"中，解决课程思政与专业课教学脱节问题。

第二，实践混合式分层教学，创设个性化教学环境。

通过线上线下以及课内课外，对不同需求的学生实施差别化、个人化的教学，建立丰富的、适用于不同层级学生的课程资源库，设计适合各类学生，又方便学生自主选择的教学内容、教学目标、训练材料及考评资料等素材。学生利用 MOOC 进行循序渐进的学习，每达到一个目标就能进入下一个知识模块，同时学生在教师的指导下选择教学进度，各个层级学生均能得到相应的提高。如图 1-10 所示。

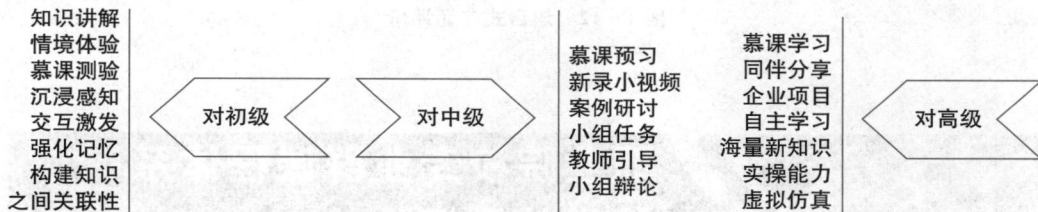

知识讲解
情境体验
慕课测验
沉浸感知
交互激发
强化记忆
构建知识
之间关联性

对初级

对中级

慕课预习
新录小视频
案例研讨
小组任务
教师引导
小组辩论

对高级

慕课学习
同伴分享
企业项目
自主学习
海量新知识
实操能力
虚拟仿真

图 1-10 个性化教学环境

第三，以学生为主体，优化教学方法，注重沉浸式体验与个性化关怀。

以认知理论和体验式学习理论为基础，融合 AR 技术、AI 技术以及 VR 技术研发沉浸式教学模式。利用虚拟现实技术创设学习情境，增强学习内容的形象性和趣味性，进而实现模拟训练。对课本上的知识进行全方位、直观、形象生动的展现，根据每个学生的实际水平与接受能力，匹配个性化学习内容，从而提高教学效果与质量，使教与学变得更加轻松、愉悦。如图 1-11 所示。

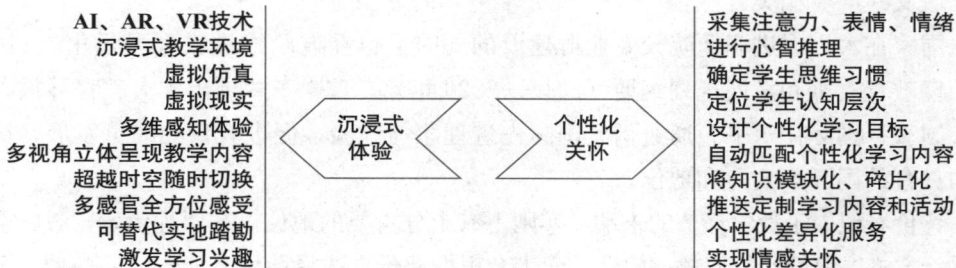

AI、AR、VR技术
沉浸式教学环境
虚拟仿真
虚拟现实
多维感知体验
多视角立体呈现教学内容
超越时空随时切换
多感官全方位感受
可替代实地踏勘
激发学习兴趣

沉浸式体验

个性化关怀

采集注意力、表情、情绪
进行心智推理
确定学生思维习惯
定位学生认知层次
设计个性化学习目标
自动匹配个性化学习内容
将知识模块化、碎片化
推送定制学习内容和活动
个性化差异化服务
实现情感关怀

图 1-11 沉浸式体验与个性化关怀

第四，实行混合式多元评价，以学生能力多维度评价促进教学方法优化。

传统的考核评价体系重结果、轻过程，以知识掌握情况测试为主，不能体现对于技能、能力以及综合素养的恰当评价，不符合职业教育培养技术、技能型人才的目标。因此，教学评价应实行多元考核评价，注重能力评价、过程评价。改变评价主体单一的现状，引入多方评价主体，包括企业、学生、校友、其他第三方；改变一张考卷的传统评价方式，增加能力过关、演讲、岗位绩效考核等方式，鼓励学生参与技能竞赛、职业资格技能鉴定，建立学分银行，用混合式多元评价调动学生积极性，利用社会资源，完成对学生能力的多维度评价。如图 1－12 所示。

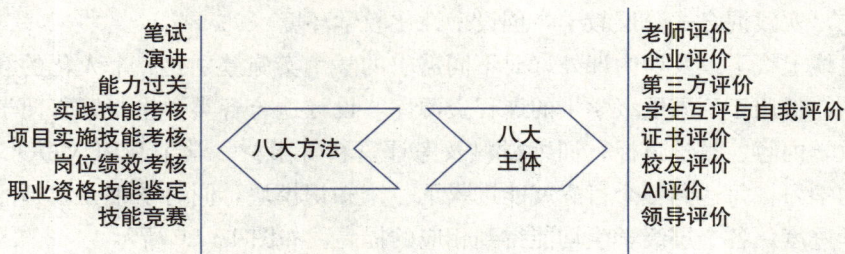

笔试
演讲
能力过关
实践技能考核   八大方法   八大主体
项目实施技能考核
岗位绩效考核
职业资格技能鉴定
技能竞赛

老师评价
企业评价
第三方评价
学生互评与自我评价
证书评价
校友评价
AI评价
领导评价

图 1－12　混合式多元评价

1.6　职业院校专业群课程体系教学效果评价

"十三五"以来，我国经济由高速增长向高质量发展转变，产业集群效应愈加明显。早在 2015 年教育部就出台文件提出"围绕各类经济带、产业带和产业集群，建设适应需求、特色鲜明、效益显著的专业群"。2019 年 3 月，教育部、财政部出台"双高计划"，公示了 141 所高职院校成为高水平专业群建设单位。根据数据统计，29个省/市/自治区立项的 253 个专业群，覆盖了 18 个高职专业大类，与国家重大战略和区域支柱产业相契合。

国家在大力促进职业院校专业群建设的同时，也在鼓励推进教育国际化。《国家中长期教育改革和发展规划纲要（2010—2020 年）》首次正式提出扩大教育开放，提高我国教育国际化水平。通过借鉴国际先进理念与经验，促进教育的改革发展，提升我国教育的国际影响力和地位。

评价看似处于教学环节的末端，实则占有十分重要的地位。在课程伊始，教师会根据评价方式提前设计如何教一门课，学生会根据评价方式提前思考如何学一门课，无论教与学，评价都是关注的焦点，有什么样的评价就能培养出什么样的人才。本书将 DQP学历框架应用于职业院校专业群课程体系评价中，基于 DQP 构建宏观层面（课程体系评价)、中观层面（单门课程评价）、微观层面（学生评价）的职业院校专业群课程评价体系，为建设高水平专业群、推进职业院校教育国际化提供借鉴与参考。

⭐ 1.6.1　我国职业院校专业群课程体系评价现状及问题

兰金林基于 2008—2018 年 CNKI 核心期刊以"专业群"为关键词搜索的样本文献分析，提出大部分专业群搭建的课程体系模式是"平台＋模块"，占有效样本数的76%。以北京市某高职院校数字财金专业群课程体系为例，群内包含五大专业，分别是大数据与会计、财税大数据应用、大数据与审计、金融科技应用、金融服务与管理。整个课程体系呈现为平台（综合实训各大平台）＋模块（基层共享、中层分流、高层互选模式下的各课程模块）的结构。如表 1-9 所示。

在"平台＋模块"课程体系中，各专业课程模块之间相互交融，共同支撑专业群建设。因此，群内课程之间需要增强黏性，统一步调，打出一个拳头的合力，才能使专业群更好地服务于产业集群发展。在统一步调方面，评价也是很好的切入点。但目前，职业院校的专业群课程体系评价仍存在着一些问题。

1.6.1.1　专业群内课程评价缺乏顶层设计和相互联结

从上例中可以看出，专业群课程体系设计注重课程之间的相互交融和支撑，然而在实践中因术业有专攻，每门课程的评价往往由该课授课教师自己主导，这就导致课程评价方式和内容五花八门，虽同在群内，却差异很大。缺乏统一的顶层设计和相互联结，削弱了专业群课程体系的黏性，不利于专业群建设统一步调，打出合力拳。

1.6.1.2　单门课程评价问题突出

巩建闽、萧蓓蕾经过研究提出，高校课程评价主要存在三个问题：一是缺乏科学性。课程的测评一般集中于终结性评价即期末考试，且以分数为主要依据，平时作业或考查等形成性评价往往占比不高。二是考查内容局限。考试多注重测评记忆力，主观性较强的考查内容如分析、论述等比较少，无论内容上还是形式设计上都缺乏创新。三是形式单一。考试多闭卷，少开卷；多笔试，少答辩与口试；多理论考试，少技能、能力及素质考查，评价的方法及手段缺乏多元性，导致许多学生只重视分数不重视能力。

1.6.1.3　传统评价方式无法支撑能力导向的就业需求

我国职业教育培养人才的核心是培养职业能力。1998 年劳动和社会保障部在《国家技能振兴战略》中提出了"八项核心职业能力"，其中三项方法能力为信息处理、自我学习和数字应用，五项社会能力为与人合作、与人交流、创新革新、解决问题和外语应用。杨晓华（2009）在针对会计专业学生基于就业导向的职业能力研究中提出，

表1-9 北京市某高职院校数字财金专业群课程体系

层级	课程类别	专业方向课程内容					企业顶岗实习
		智能会计方向	智能财税方向	智能审计方向	数字金融方向	财富管理方向	
高层互选	专业群素质拓展课程	现代礼仪　商业伦理与职业道德　应用文写作　BIM建模与应用　美学与人生　急救与自救技能　关爱生命　品三国论领导艺术　学礼立大国范　大学生爱国教育十讲　生态文明　北京历史文化导览　走进航空航天					综合实训
	专业方向课程（任选方向模块）	RPA财务机器人开发与应用　合并报表编制　会计前沿专题　成本会计实务　云财务会计	智能财务业财一体化　信息化应用　V成本会计　内控与风险管理　税务会计实务　大数据税务风控　数字经济与税收前沿	内部审计基础　内部控制　风险管理　经济责任审计	区块链金融　金融科技　证券投资基金　数字银行平台运营　外汇与期货投资	保险实务　理财职业道德素养　基金投资实务　外汇交易实务　证券投资实务	财务共享中心实训　智能财税综合实训　VBSE虚拟仿真实训　代账平台实训　出纳实训　理财综合实训　证券综合实训　银行业务实训
中层分流	专业核心课程	• 大数据与会计　大数据会计	• 财税大数据应用　纳税筹划	• 大数据审计　审计职业认知　审计实务　审计应用文写作与沟通	• 金融服务与管理（金融类）　征信技术与实务　互联网金融产品运营　网络借贷与众筹　互联网金融法律法规　互联网证券	• 金融服务与管理　金融服务礼仪　金融服务营销　银行会计实务　银行综合柜台业务　银行授信业务	
		会计英语　税费与计算　创新创业					
	专业群基础课程	财务会计实务　数字财务管理　ERP与财务软件操作　智能财税申报（财务会计与财政税务类）　财务会计实务　管理会计实务　Excel在财务管理中的应用　经济法基础					
		会计学基础　金融学基础　经济学基础　管理学基础					
		大数据财务分析　统计学基础　财经大数据可视化　智能财税初级应用　财金Python技术　智慧理财					
基层共享	公共基础课程	中共党史　英语视听说　思想道德与法治　就业指导　毛泽东思想和中国特色社会主义理论体系概论					军事训练
		习近平新时代中国特色社会主义思想概论　军事理论　心理健康教育　创新创业　人工智能应用基础					劳动实践
		新时代新北京新实践　形势与政策　国家安全教育					思政实践
		体育　大学语文　英语应用导					
		大学英语					
		选修：习近平新时代中国特色社会主义思想概论　新时代新北京新实践					

高职会计专业学生职业能力包括三大项：一是专业能力；二是关键能力（具体包括人际交往能力、对变革和发展的应对能力、决策能力）；三是职业价值观和态度。传统以考试测验为核心的评价方式重点在于对学生知识掌握的评价，无法评核学生的沟通能力、创新能力、职业价值观和态度等能力素养。

⭐ 1.6.2　DQP 的核心理念及应用现状

1981 年，教育家斯派迪（Spady）首次提出了成果导向教育理念，该理念一经提出便在教育界产生了广泛影响。2011 年基于成果导向教育理念的学历资格框架（Degree Qualifications Profile，DQP）被提出，作为高等教育的一项教改工具，DQP 已在实践中被应用于美国 400 多所高等院校，并在完善专业人才培养方案和评核学习成果等方面都取得了很好的成效。

DQP 的结构主要包含五项学习领域和三个学历层次。五项学习领域分别为专门知识、应用和协作学习、智力技能、广泛且融合的知识、公民与全球学习；三个学历层次分别为副学士、学士与硕士。我国的职业教育学历层次对应的是 DQP 框架中的副学士学历层次。

虽然 DQP 的主体结构是学习领域，但职业能力才是其基础，是为了培养职业能力才衍生出了需学习的五项学习领域。DQP 的核心是取得不同的学历层次时，学生被期望应该知道什么和能够做什么，即应具备的知识和技能等。DQP 的内涵是学习成果导向，是指在教学设计和实施过程中，所有目标指向的都是学生在学习过程中获得的学习成果。为了更好地帮助教育者确定学习成果，DQP 清晰地描述了学生取得所修学历层次时，需在五项学习领域达成的各项要求，即参照点，共 24 项。这些参照点并不是学历资格标准，更像一种路径指引，通过参照点的要求，指引学生达到毕业资格。何静（2017）提出 DQP 学历资格框架参照点基本涵盖了我国职业教育能力的要求，同时更强调职业能力的融合性学习与应用。

2016 年，我国高等院校开始尝试研究学历资格框架成果导向教学理念。截至2021 年 6 月，在中国知网以"DQP"为关键词搜索，共有研究文章 46 篇，这些文献的发表集中于 2016—2020 年，主要研究关键词为高等职业教育、人才培养、学分制改革等。其中近 76% 的研究成果由三所广东省职业院校完成。由此可见，DQP 在我国教育教学实践中的研究应用主要集中在职业教育领域，且处于起始发展阶段，其中广东岭南职业技术学院的研究和应用最为深入。

⭐ 1.6.3　基于 DQP 的职业院校专业群课程体系评价构建

广东岭南职业技术学院的殷明、何静、郑继昌基于对 DQP 学历框架在高职学分制改革中的应用的研究提出了DQP体系下的学分矩阵结构，它是基于DQP的一种新的课程体系学分配置结构，将每个专业的总学分同时配置在学习领域和课程两个维度，以学习成果和学分作为联结点。

本书将上述三位学者提出的学分矩阵结构予以拓展，应用于专业群的课程体系评价中，提出基于DQP学历框架的专业群课程体系评价可以通过"学习成果"和"学分"，实现对专业群中各专业课程体系、单门课程、学生三个层级的评价。这三个层级由宏观到微观、由总体到个体，逐层检视专业群课程体系的教学培育效果，进而形成一套标准统一、系统完整、量化可比的课程体系评价框架，总体框架见图1-13。

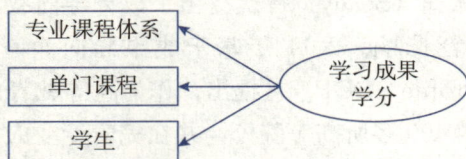

图1-13 专业群课程体系评价总体框架

1.6.3.1 宏观层面：对"专业课程体系"的评价

通过"学分"，可以对专业群内每个专业的课程体系做总体评价。学分是课程讲授时长、讲授内容重要性的浓缩体现，反映了单门课程在整个课程体系中的权重。通过学分，可通览一个专业课程体系的整体布局。以数字财金专业群内的大数据与会计专业为例，将其总学分在学习领域和课程两个维度同时进行配置，其学分矩阵计算表和学分分布示意图分别见表1-10、图1-14。

表1-10 大数据与会计专业课程体系与五项学习领域学分矩阵计算表

课程模块	课程名称	学分	DQP五大学习领域				
			专业知识	广泛且融合的知识	智力技能	应用和协作学习	公民素养和全球化学习
公共基础课	课程1	2			1.3		0.7
	课程2	3			1		2
	……						
	小计	53					
专业群基础课	课程1	4	0.8	0.8	0.8	0.8	0.8
	课程2	2	0.6	0.4	0.7		0.3
	……						
	小计	24					
……	……						
总计		142	28.4	22.4	48.8	22.9	19.5

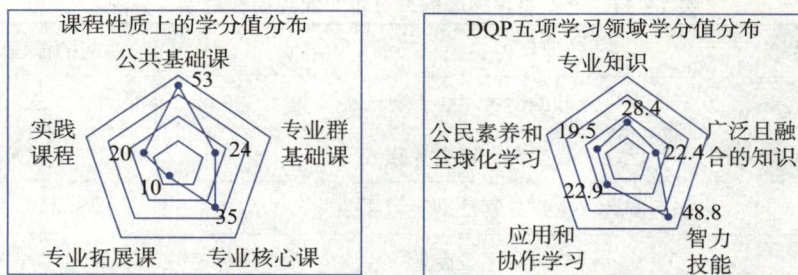

图 1 - 14　数字财金专业群"大数据与会计"专业课程体系学分分布示意图

使用同样的方法，再对群内的大数据与审计专业的总学分在五项学习领域和课程两个维度同时进行配置，其学分分布示意图见图 1 - 15。

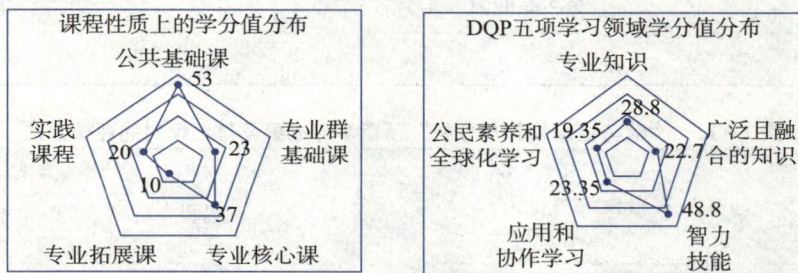

图 1 - 15　数字财金专业群"大数据与审计"专业课程体系学分分布示意图

通过图 1 - 14、图 1 - 15 所示的学分分布示意图可以对专业群中这两个专业的整体课程体系做比较评价。比如，从课程性质上看，两个专业均由五大课程模块——公共基础课、专业群基础课、专业核心课、专业拓展课、实践课程组成，且学分分布基本相同，大数据与审计专业的专业核心课学分比重相对更高些；从 DQP 五项学习领域学分值分布上看，两个专业呈大体相同趋势，大数据与会计专业对公民素养和全球化学习要求相对略高，大数据与审计专业对专业知识、应用和协作学习、广泛且融合的知识要求相对略高。此处仅以大数据与会计和大数据与审计这两个专业为例，群内其他 3 个专业同理，由此可形成对专业群内所有专业课程体系的总体把握和比较评价。

1.6.3.2　中观层面：对"单门课程"的评价

DQP 体系下的学分矩阵结构不但是课程体系的学分设置框架，同时也是单门课程教学评价的框架。以数字财金专业群中大数据与会计专业的"财务报表编制与分析"课程为例，该课程共 3 学分、8 个教学模块，学生需要完成 12 项课程学习成果（Subject Outcome，SOC）。依据各项学习成果在该课程中的重要性将 3 学分分配到每个SOC 中。同时采用案例分析、现场实训、PPT 汇报、分析报告和考试等多元化的评核方式，在学生随着学习进度逐项完成 SOC 的过程中给学生评分，每项成果采用百分制。如表 1 - 11、表 1 - 12 所示。

表1-11 "财务报表编制与分析"课程内容与学分分配

课程模块	课程内容	学分	对应的课程学习成果
模块一	走进奇妙的财务报告世界	0.2	SOC1
模块二	自己动手，提交公司财务报表	0.6	SOC2
模块三	如何制胜：从财务管理到经营决策	0.4	SOC3、SOC4
模块四	如何透过数字看企业	0.3	SOC5、SOC6
模块五	如何看懂企业的财务状况信息	0.44	SOC7、SOC8
模块六	怎样专业地评价企业的业绩表现	0.33	SOC7、SOC9
模块七	现金为王	0.23	SOC7、SOC10
模块八	综合分析企业财务实力	0.5	SOC11、SOC12
总　计		3	

表1-12 "财务报表编制与分析"预期学习成果及与之配对的评核方法

预期学习成果	课程SOC具体内容	学分	案例分析	现场实训	PPT汇报	分析报告	考试
SOC1	分析一家案例公司经济业务，能运用复式记账原理完成会计业务处理	0.2	√				√
SOC2	能正确编制资产负债表、利润表和现金流量表	0.6	√	√			√
SOC3	正确编制至少2家企业的业务预算	0.2	√	√			√
SOC4	正确编制至少2家企业的财务预算	0.2	√	√			√
SOC5	认识财务分析报告，演练不同的财务分析方法（至少4种）	0.2					√
SOC6	选定一家上市公司，下载其最新年度财务报告，根据教师给定的50个问题，制作PPT并完成5~8分钟演讲	0.1			√		
SOC7	选定一家上市公司、两家同行业其他上市公司，完成近3年年度财务报告及公司相关资料的搜集整理	0.1				√	
SOC8	完成财务分析报告中的资产结构及质量、偿债能力、发展能力分析	0.4	√	√		√	√
SOC9	完成财务分析报告中利润表相关比率的计算与分析及营利能力、股东回报和营运能力分析	0.3	√	√		√	√
SOC10	完成财务分析报告中现金流量表相关比率的计算与分析及现金偿债能力、现金收益能力分析	0.2	√	√		√	√
SOC11	对选定企业运用杜邦分析法做财务综合分析	0.3	√	√			√
SOC12	完成智慧树财务报表编制与分析在线课程学习并取得合格证书	0.2					√

在课程学习结束后，还可统计出每项 SOC 学生成绩分布比例，教师可据此对这门课程教学效果进行评价，见表 1-13。比如，财务报表编制与分析课程中 SOC4 不及格比率明显高于其他，SOC6 和 SOC10 优秀率明显偏低。这些可提示教师反思授课内容和教学过程中存在的问题，由果推因，不断改进和优化课程教学。

表 1-13　学分矩阵结构的财务报表编制与分析课程教学评价示例

类别	90~100分	80~89分	70~79分	60~69分	60分以下
SOC1（0.2学分）	68%	0%	7%	0%	25%
SOC2（0.6学分）	64%	7%	4%	7%	18%
SOC3（0.2学分）	71%	0%	4%	7%	18%
SOC4（0.2学分）	43%	7%	11%	0%	39%
SOC5（0.2学分）	61%	11%	18%	0%	11%
SOC6（0.1学分）	25%	50%	14%	4%	7%
SOC7（0.1学分）	75%	0%	0%	0%	25%
SOC8（0.4学分）	64%	7%	7%	4%	18%
SOC9（0.3学分）	71%	7%	4%	0%	18%
SOC10（0.2学分）	25%	4%	43%	0%	29%
SOC11（0.3学分）	39%	4%	36%	0%	21%
SOC12（0.2学分）	64%	7%	0%	0%	29%
课程总体	42%	25%	10%	10%	13%

在此过程中，学生完成学习成果的方式，也即教师教学考核方式可以非常多元化，如案例分析、现场实训、PPT 汇报、分析报告、测试、书面作业、情景模拟、展示（录像）、研讨（录像）、实际操作（录像）等。教师可根据单门课程学习成果具体需求确定选用哪些评价方式。多元化的评价方式在充分调动学生学习兴趣和积极性的同时，也能够锻炼学生就业需要的多种职业能力，包括合作能力、沟通能力、创新能力、职业价值观和态度等。

1.6.3.3　微观层面：对"学生"的评价

在传统的评价模式下，学生学完专业的全部课程，其学业总成绩通常采用加权学分绩点来表示，加权学分绩点 = $\sum$（单门课程学分绩点×单门课程学分）/总学分。在这种方法下学生只知道自己的成绩和排名，无法深入了解自我职业能力。但 DQP 体系下的学分矩阵结构还可实现对学生在五项学习领域的职业能力评价。以大数据与会计专业的一位学生为例，图 1-16 中左图反映的是该专业在 DQP 五项学习领域学分值的要求，右图反映的是该学生在学完专业全部课程后，在五项学习领域折算的平均学分绩点。如果将图 1-16 中的左右雷达图相对应的学习领域做加权平均，就可得该学生学业总绩点＝(3.1×28.4＋2.5×22.3＋2.7×48.8＋3.6×22.9＋2.4×19.5)/(28.4＋22.3＋48.8＋22.9＋19.5)＝2.85。除此之外，还可对该学生五项职业能力进行评价。比如根据右图，该学生在应用和协作学习领域的平均学分绩点明显较高，而在公民素养和全球化学习领域的平均学分绩点略低。这种评价有利于学生总结、了解自己的职业能力水平，更有利于在就业时匹配到适合自己职业能力的工作岗位，挖掘自身潜能，为未来职业发展提供有利参考。

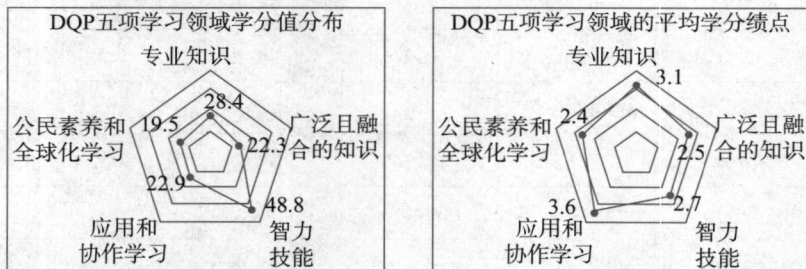

图 1-16 某学生在 DQP 五项学习领域学业绩点示意图

1.6.3.4 结语

DQP 学历框架应用于专业群课程体系评价构建具有多方面积极作用。首先，能够增强专业群课程体系评价的"群"效应。DQP 学历框架提供了实现顶层设计的统一工具，从宏观层面（专业课程体系）、中观层面（单门课程）、微观层面（学生）形成一套统一的评价框架。这极大地增强了专业群内各专业课程之间的关联度和可比性，有利于增强黏性，促进专业群"群"效应的发挥。其次，有助于变革教学评价方式，聚焦职业能力培养。基于 DQP 学历框架构建的课程体系评价会促使教师反向思考一门课的学习成果究竟是什么，应该通过怎样的方式使学生完成这些学习成果，在此过程中培养学生哪些就业需要的职业能力。同时，DQP 学历框架基于成果导向教育理念，通过多样性的教学和评价方法改变了传统以考试为主的评价方式，从重考试分数变为重能力。再次，能够推动我国职业教育走向国际化。国际化的一个前提是能在同一个话语体系中沟通，不同文化背景下的职业教育体系越能彼此理解，越有利于相互学习、共同进步。在基于学习成果导向理念发展起来的学历框架工具在欧美职业教育中广泛应用的大背景下，积极借鉴和吸收国际教育先进经验和理念，结合我国实际改革发展自身，对推动我国职业教育国际化具有重要意义。

当然，基于 DQP 学历框架的专业群课程体系评价构建在组织运行中任重道远。除了需要领导层的认同和顶层设计，在具体执行中，教师才是真正的主体。因此，吸收国际先进经验和理念，需要教师勇于创新，敢于接受新事物。在思想意识上统一引领和转变是其顺利推行的关键。

1.7 职业院校专业群课程体系校企合作开发

职业院校的责任主要是为国家经济建设输送合格的技能型人才，更好地服务于企业和社会。因此，在人才培养方面，职业院校要加强与企业的合作，全面了解企业对人才的需求，让企业参与学校课程体系开发，使专业群课程体系开发从企业需求出发，做到校企人才共育和共享，使校企、师生都能受益，提升企业参与职业院校课程开发的热情，具体分析校企合作开发中存在的问题，提出校企合作进行课程体系开发的原则与实践方法。

⭐ 1.7.1 职业院校专业群课程体系校企合作开发存在的问题

1.7.1.1 专业教师方面的问题

1. 职业院校教师对课程体系开发的研究较为浅显

职业院校教师面对课程开发时常无方向感，不知从何做起，部分职业院校虽然邀请了权威职教专家进行指导，然而，真正理解其中要义并落实到位的教师非常少。事实上，大家的研究成果多是彼此复制和效仿，很少见到具备创新性和实用性的研究成果。

2. 企业专家和师生等多元主体联合开发机制还未形成

职业院校专业群课程体系校企合作开发想要顺利实施，并取得理想的成果，就需要形成企业专家和师生等多元主体联合开发机制。教师作为其中的主要实施者，不仅要具有丰富的专业知识储备，还要具有高水平的职业能力。但是事实上，职业院校教师的职业能力普遍不理想，教师与企业师傅的角色很难转换。另外，学生这一开发主体常常被忽略，学生在其中根本无话语权，只是被动地接受知识。

3. 课程体系开发过程形式化，课程开发的实效性不理想

课程体系开发过程形式化主要表现在课程体系未体现出真实的工作场景，虽然学校特别重视实践，但是学生也只能在模拟的工作场景中学习和操作，缺少真实的工作情景，未结合企业对学生能力培养的需求进行课程体系开发，课程开发的实效性不理想。

1.7.1.2 企业方面的问题

1. 企业参与热情不高

我国校企合作一直以来都处于"学校热，企业冷"的状态，即便有部分企业愿意参与进来，也只是出于对自身生产需要方面的考虑，希望以此获得职业院校的毕业生，企业普遍缺少校企合作培养人才的意识。再者，职业院校专业群课程体系校企合作开发需要投入足够的精力，而绝大多数企业，尤其是规模较小的小微企业都不是特别关注校企合作，对此缺少热情，因为企业无法尽快从中获得对自己发展有利的成果。

2. 校内教学条件的限制

职业院校专业群课程体系校企合作开发，要依据岗位要求、职业资格标准以及企业需求来进行，这个过程需要企业提供生产实践经验及相关知识，并将其融入教学案例等课程内容中，而课程体系开发一般都是在学校进行，学校的教学条件是否与企业要求相符会直接影响到专业群课程体系开发的质量。

3. 校企合作缺乏机制保障

校企合作是否能够持续进行，重点在于双方能否实现共赢。企业参与合作是为了营利，希望能在短期内看到效益。假如这一目的未实现，企业继续参与合作的热情就会淡化。而职业院校则是以教育为目的，希望能够借此培养出更优秀的技能型人才。这就存在一个利益平衡的问题，假如课程体系开发与企业需求不符，企业合作的动力就会不足或丧失。因此，校企合作顺利稳定开展离不开有效的保障机制提供保障。

☆ 1.7.2 职业院校专业群课程体系校企合作开发的原则与实践

1.7.2.1 校企合作开发专业群课程体系的原则

专业群课程体系开发是一个系统工程，离不开科学的理论与方法作为支撑。而在实际教学中，教师没有充分利用教材，未形成细化的技术课程教材，教学方式太过老套、缺乏新意，不能与互联网技术相融合，使专业群课程体系开发陷入瓶颈，因此，现有的课程难以提升学生的学习热情。只有将理论与方法应用好才能使校企合作开发顺利进行，而这个过程应该遵循三个基本原则。

1. 以企业为主导、学校为主体的原则

职业院校人才的培养一定要与企业岗位职能需求相符，所以专业群课程体系开发应该由企业主导参与，需要企业在课程内容确定、结构安排和教学方式设计等方面提出经验见解，这是体现学校服务于企业的必然要求。这样，职业院校才能清楚企业需要的是具备哪些技能和素养的人才，进而培养出企业真正需要的人才。因为企业在实践经验与实践技能等方面更具优势，但在教学方法、理念等方面存在不足，所以，专业群课程体系开发要全方位分析企业岗位对人才各方面能力和素质的要求，并将分析成果体现在课程中。

2. 兼顾学生全方位发展和企业需求的原则

职业院校专业群课程服务于学生专业知识、能力的培养与提升，但教育不只是为了满足个别企业对人才的需求，更是为了促进学生的全方位发展，并使学生职业生涯

能有长远的发展，所以，教师需要分析企业对课程开发提出的经验见解和要求，将其转化为具有创新性的教育元素，可以考虑在课程中加入互联网中比较热门的实例素材，通过案例组合分析，提升学生对问题的洞察力和分析能力，这样也能够促进教学内容的多样化，同时增强学生汲取知识的能力。在课程教学实践中，要使专业群课程体系与学生的认知及教学规律相符，更好地满足企业对人才的需求。

3. 依托真实项目，"教学做"一体化原则

职业院校专业群课程教学质量与院校课程建设的效果密切相关。专业群课程内容要依托于企业真实项目，使学校的教学与真实的工作更加贴近。师生一起参与工作任务，使学生在实践中学，在学中积累实践经验。通过在实践中融入技术性强的任务，促进教学内容的多样化，提升学生的实践能力。在课程教学中，主导人为教师，学习的主体是学生，要依据学生的要求进行课程的调整和改进。在选择项目时，经过企业、老师和学生同意后，可融入专业教材，将原来单调的学习方式加以优化形成实践课程模式。让学生在实践中学习，不仅能提升学生的学习兴趣，还能使教学效果更加理想，从而使教学过程与工作过程充分融合，形成以工作过程为导向的课程教学模式。

1.7.2.2 校企合作开发专业群课程体系的实践

1. 以工作任务为依据设计课程体系内容

在课程内容开发上，每隔一段时间便要召开一次课程开发研讨会，讨论课程的开发以及课题发展的有关事项，要对这项工作加以重视，设定固定的交流频次。职业院校老师既要提升自身的教学能力，掌握专业技能，也要注重学术研究技能和工作实践，通过专业的学术研讨和工作任务实践，提升专业课程开发能力，要做到学习与工作领域统一、学习过程和任务与工作过程和任务统一。课程的内容和结构要与工作过程和内容无缝衔接，以更好地体现职业院校教育的特点，这对学生综合能力的培养更加有利。

2. 采取任务驱动和项目导向的教学模式

专业群课程体系校企合作开发要以学生为主体、教师为主导。要能让学生一边学习理论知识，一边做好工作任务，加强师生互动，避免传统灌输式教育，这样才能启发思维，使师生双方的思维和创新能力都能得到强化。要将综合素质培养与训练体现在每一节课中，真正提升学生专业技能，促进学生职业的长远发展；真正使理论与实践相结合，将知识与技能教学融入所有的项目实践中。

3. 采取科学的考核评价方式，监控人才培养质量

在考核评价方面，不能只采取传统的纸质期末考试的考评方式，要积极推动考核方式的科学化和多元化。专业群课程体系校企合作开发要做到"岗位、能力、课程"的充分结合，要踊跃探索人才质量评价方式和评价手段。首先，评价主体要多元化。评价主体除了学校，还可以将合作企业和学生纳入进来，企业参与对学生综合能力的评价，学生之间可自评和互评。其次，在评价内容方面要尽可能全面覆盖。不仅要包

含理论知识评价，还要重点关注操作技能和个人素养的考核评价，做到三方面的综合考核与评价。最后，在评价时间方面要做到全程化。不能只进行终结性评价，要更加重视过程性跟踪考核与评价；不能局限于学期内，还要关注学生就业后企业的跟踪评价。

1.7.2.3 结语

职业院校专业群课程体系校企合作开发是深化职业院校教学改革的重要课题，也是职业院校课程建设的重要环节，这就要求行业企业与学校彼此渗透，学校、企业和政府要一起建立校企合作机制，以此提高企业参与的热情，解决校企合作的难题，加大企业对职业教育的投入力度，形成一种新兴的教育工学结合模式和机制，这将有利于职业院校为社会和企业培养出更加优质的基层高技能人才。

数字财金专业群课程
体系构建研究

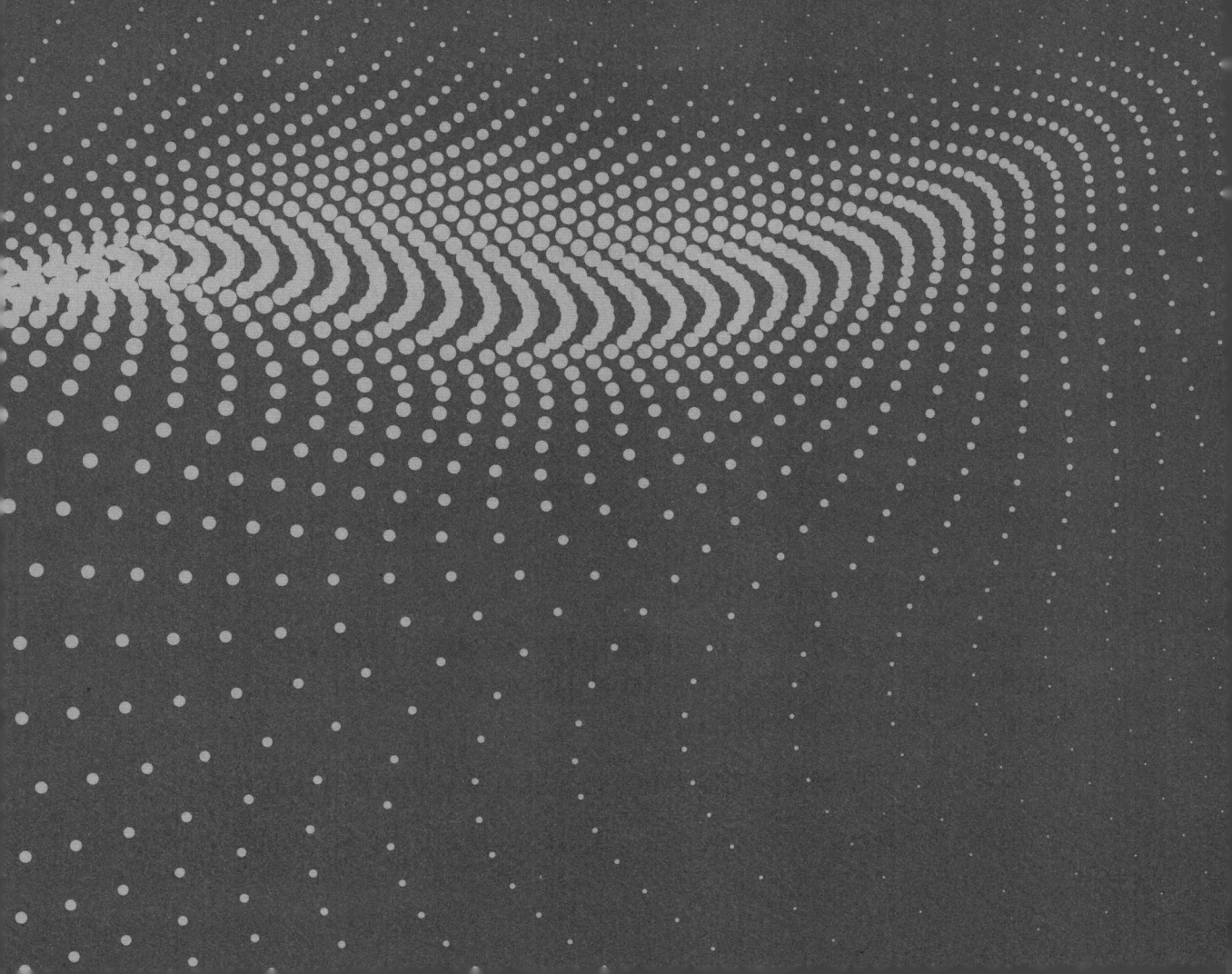

2.1 数字财金专业岗位群工作实践所需知识与技能

数字财金专业群涉及的岗位包括财会、税金、审计等种类，各岗位在工作实践中所需要的知识和技能各有不同，需要实际调查研究。基于成果导向原则，课题组联合兄弟院校研究团队，通过调研大数据与会计专业全国专科毕业生职业成长经历信息、全国用人单位的需求信息、北京农业职业学院大数据与会计专业人才培养方案，综合运用共词网络、自动分类、文本聚类、数据可视化、机器学习等大数据分析方法，对北京农业职业学院大数据与会计专业和北京经济管理职业学院大数据与会计、大数据与审计专业进行社会需求分析，分析结果可为专业群课程体系人才培养目标合理性、人才培养目标达成情况、课程设置优化、教学方法改进等的论证提供可靠依据和数据支撑。

2.1.1 招聘中要求大数据与会计专业专科人才的岗位群需求量占比情况分析

2.1.1.1 全国需求量分布

根据 2016 年 1 月至 2020 年 12 月全国招聘中明确要求大数据与会计专业专科人才的岗位群需求人数占比情况，需求人数相对较高的是共享财务岗（81.96%）、业务财务岗（9.87%）、数据管理岗（6.46%）。

2.1.1.2 京津冀地区需求量分布

根据 2016 年 1 月至 2020 年 12 月京津冀地区招聘中明确要求大数据与会计专业专科人才的岗位群需求人数占比情况，需求人数相对较高的是共享财务岗（83.91%）、业务财务岗（9.14%）、数据管理岗（4.87%）。

2.1.1.3 北京市需求量分布

根据 2016 年 1 月至 2020 年 12 月北京市招聘中明确要求大数据与会计专业专科人才的岗位群需求人数占比情况，需求人数相对较高的是共享财务岗（82.88%）、业务财务岗（10.22%）、数据管理岗（4.92%）。

2.1.1.4 共享财务岗所需素养、通识能力及专业知识与技能分析

下面以需求最高的共享财务岗为例，展示该岗位所需要的素养、通识能力以及专

业知识与技能。

1. 共享财务岗所需素养

2016 年 1 月至 2020 年 12 月全国招聘中共享财务岗要求大数据与会计专业专科人才具备的素养，占比较高的是"爱岗敬业"（49.12％）、"乐于合作"（39.23％）、"严谨细致"（31.39％），如图 2-1 所示。

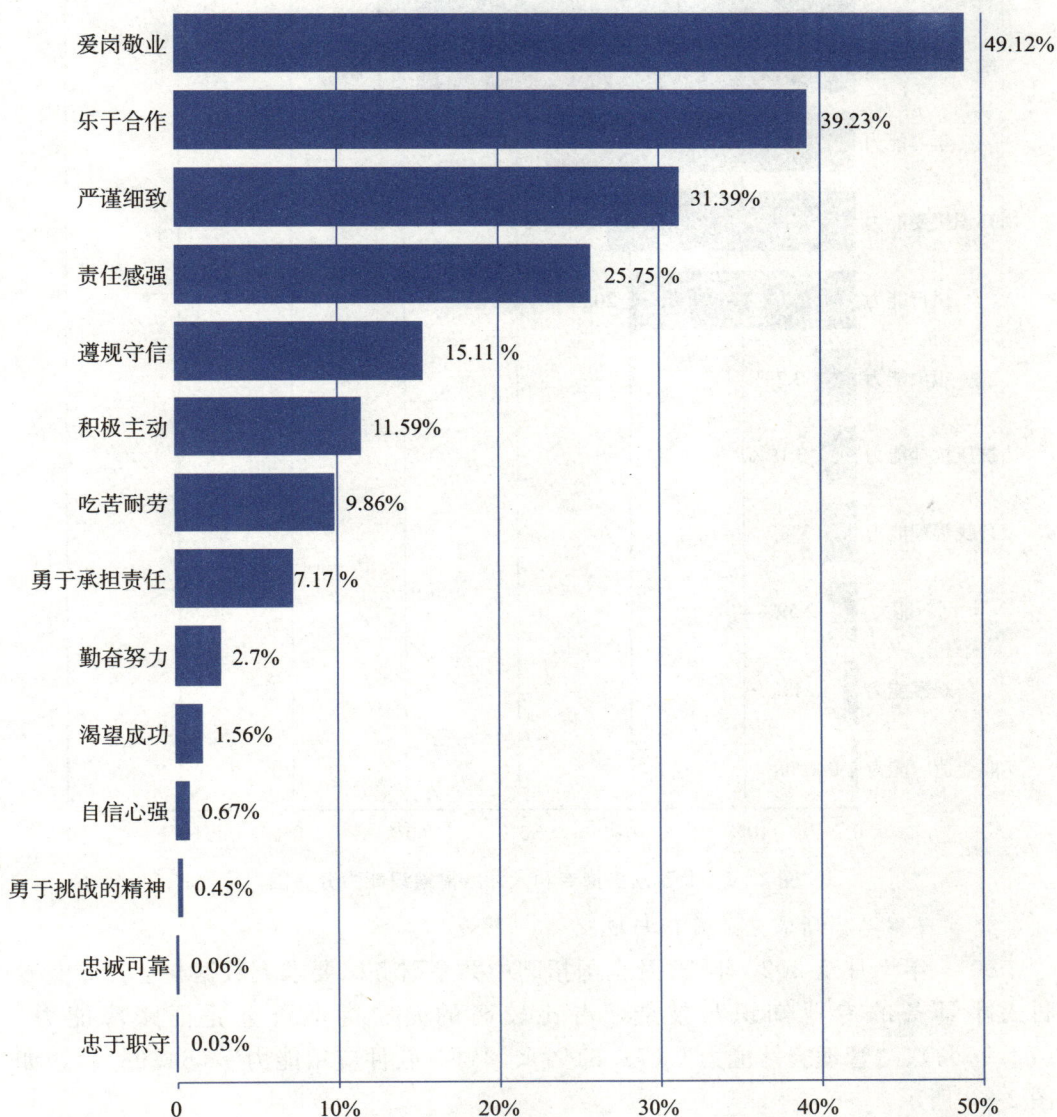

图 2-1 共享财务岗专科人才所需素养分布图

2. 共享财务岗所需通识能力

2016 年 1 月至 2020 年 12 月全国招聘中共享财务岗要求大数据与会计专业专科人才具备的通识能力，占比较高的是"组织与管理能力"（61.98％）、"沟通与表达能力"（48.41％）、"逻辑思维能力"（42.49％），如图 2-2 所示。

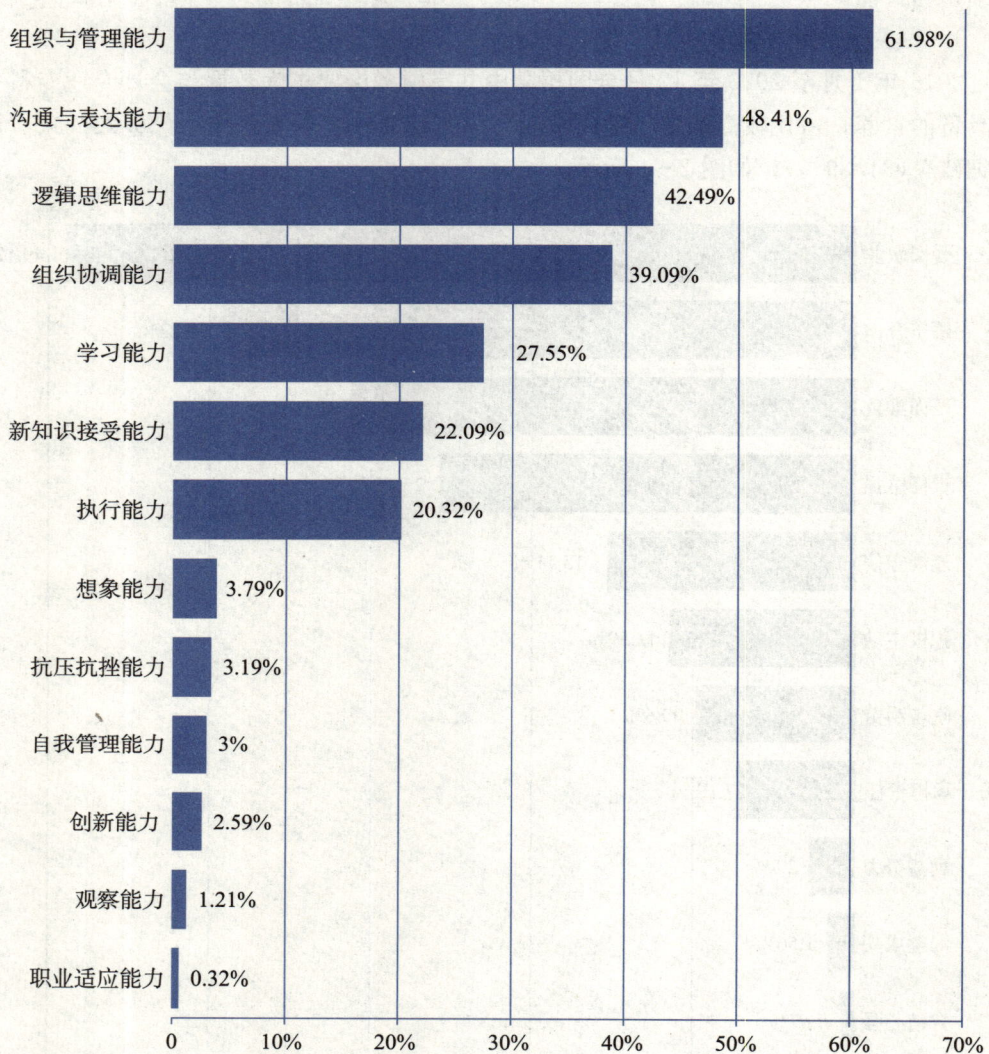

图 2-2 共享财务岗专科人才所需通识能力分布图

3. 共享财务岗所需专业知识与技能

2016 年 1 月至 2020 年 12 月全国招聘中共享财务岗要求大数据与会计专业专科人才具备的专业知识与技能，占比较高的是"货币资金凭证账簿能力"（72.96%）、"管理会计能力"（71.61%）、"财务软件应用能力"（64.98%），如图 2-3 所示。

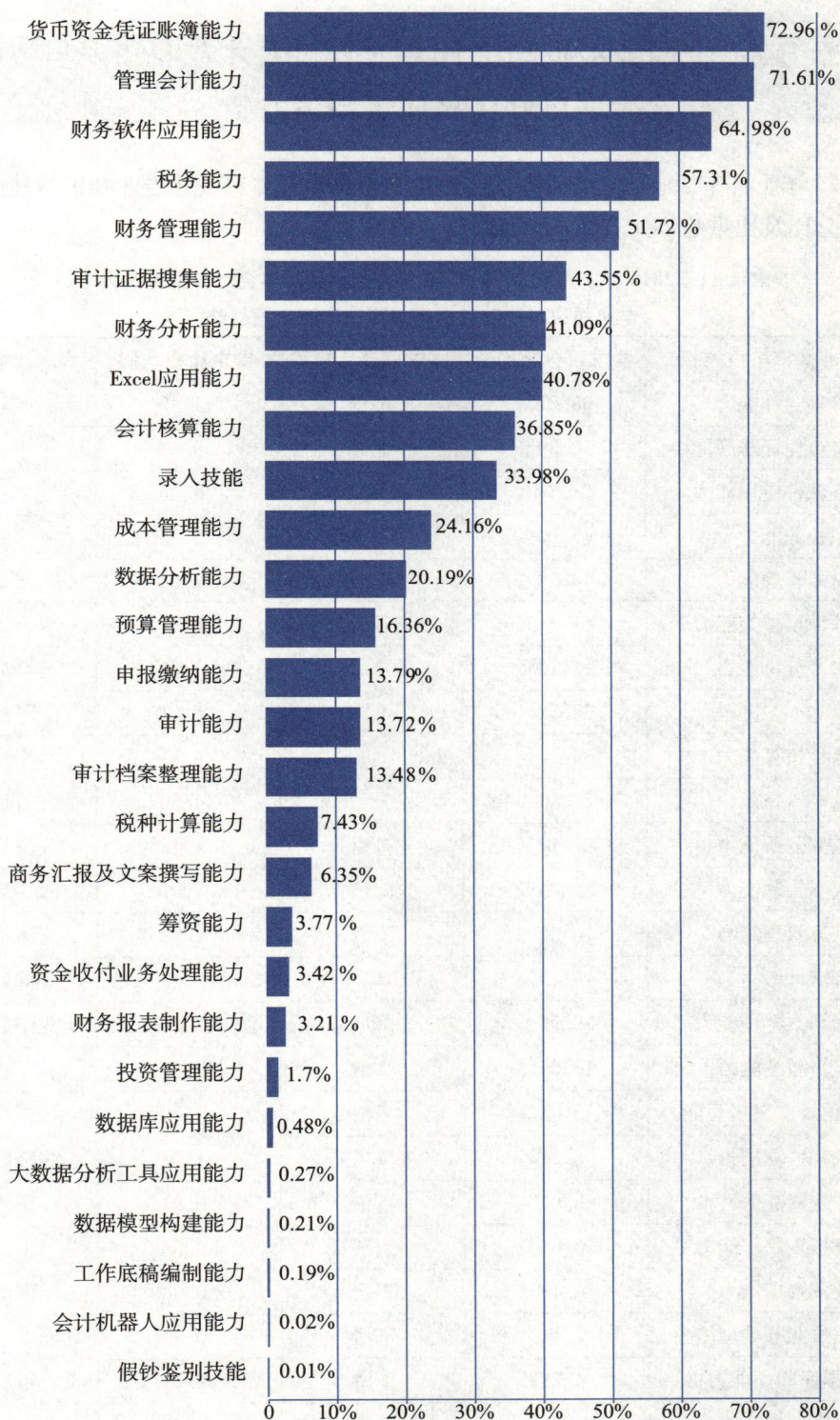

货币资金凭证账簿能力　72.96%
管理会计能力　71.61%
财务软件应用能力　64.98%
税务能力　57.31%
财务管理能力　51.72%
审计证据搜集能力　43.55%
财务分析能力　41.09%
Excel应用能力　40.78%
会计核算能力　36.85%
录入技能　33.98%
成本管理能力　24.16%
数据分析能力　20.19%
预算管理能力　16.36%
申报缴纳能力　13.79%
审计能力　13.72%
审计档案整理能力　13.48%
税种计算能力　7.43%
商务汇报及文案撰写能力　6.35%
筹资能力　3.77%
资金收付业务处理能力　3.42%
财务报表制作能力　3.21%
投资管理能力　1.7%
数据库应用能力　0.48%
大数据分析工具应用能力　0.27%
数据模型构建能力　0.21%
工作底稿编制能力　0.19%
会计机器人应用能力　0.02%
假钞鉴别技能　0.01%

0%　10%　20%　30%　40%　50%　60%　70%　80%

图 2 - 3　共享财务岗专科人才所需专业知识与技能分布图

2.1.2 全国大数据与会计专业专科人才专业知识与技能 社会需求百分比及比重趋势分析

2016 年 1 月至 2020 年 12 月全国大数据与会计专业专科人才专业知识与技能社会需求百分比及比重趋势如表 2-1 所示。

表 2-1 2016 年 1 月至 2020 年 12 月全国大数据与会计专业专科人才
专业知识与技能社会需求百分比及比重趋势

专业知识与技能	需求百分比均值	需求百分比趋势	需求比重均值	需求比重趋势
管理会计能力	68.07%	平稳	11.45	平稳
货币资金凭证账簿能力	58.30%	上升	9.81	平稳
财务软件应用能力	53.53%	上升	9.16	平稳
税务能力	47.90%	上升	8.26	平稳
财务管理能力	45.78%	上升	7.83	平稳
审计证据搜集能力	41.21%	先升后降	6.94	先升后降
财务分析能力	41.13%	先降后升	6.85	先降后升
Excel 应用能力	35.32%	上升	6.01	平稳
会计核算能力	35.14%	上升	6.11	平稳
录入技能	27.85%	先升后降	4.60	先升后降
数据分析能力	25.12%	先降后升	4.18	先降后升
成本管理能力	24.00%	先降后升	4.07	先降后升
预算管理能力	16.59%	下滑	2.73	下滑
审计能力	15.29%	先降后升	2.52	先降后升
审计档案整理能力	12.96%	先降后升	2.02	先降后升
申报缴纳能力	11.61%	下滑	1.81	平稳
商务汇报及文案撰写能力	8.91%	下滑	1.50	下滑
税种计算能力	6.41%	先降后升	1.08	先降后升
筹资能力	5.66%	下滑	0.94	下滑
财务报表制作能力	3.67%	下滑	0.56	下滑
投资管理能力	3.48%	下滑	0.58	下滑
资金收付业务处理能力	2.44%	下滑	0.39	下滑
数据库应用能力	1.28%	下滑	0.22	下滑
数据模型构建能力	0.99%	下滑	0.18	下滑

续表

专业知识与技能	需求百分比均值	需求百分比趋势	需求比重均值	需求比重趋势
工作底稿编制能力	0.53%	上升	0.09	上升
大数据分析工具应用能力	0.46%	上升	0.09	上升
会计机器人应用能力	0.02%	上升	0	平稳
假钞鉴别技能	0.02%	先升后降	0	平稳
Python 语言	0.01%	先升后降	0.01	先升后降

2.1.2.1 管理会计能力

市场对全国大数据与会计专业专科人才"管理会计能力"的需求百分比呈平稳趋势，需求比重也呈平稳趋势。其中，2016 年需求百分比为 67.86%、2017 年需求百分比为 68.95%、2018 年需求百分比为 66.56%、2019 年需求百分比为 68.02%、2020 年需求百分比为 68.16%。如图 2-4 所示。

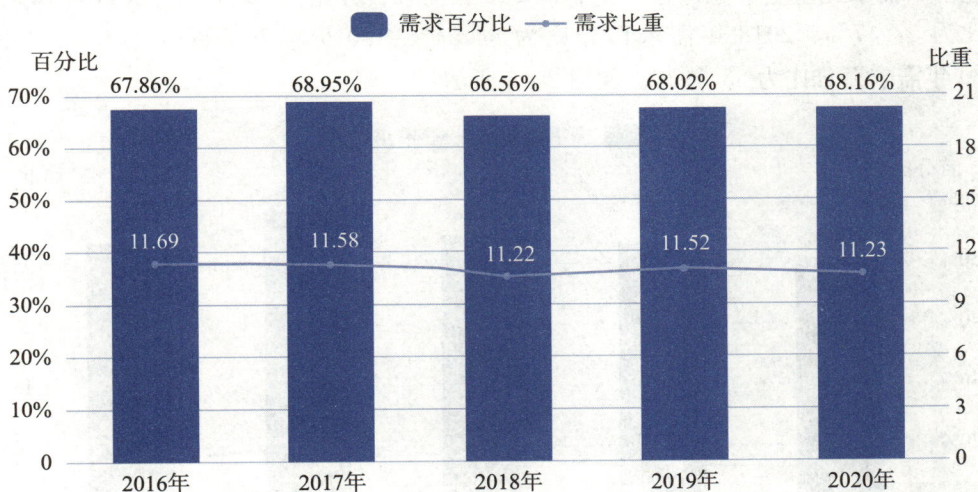

图 2-4 市场对全国大数据与会计专业专科人才"管理会计能力"需求趋势图

2.1.2.2 货币资金凭证账簿能力

市场对全国大数据与会计专业专科人才"货币资金凭证账簿能力"的需求百分比呈上升趋势，需求比重呈平稳趋势。其中，2016 年需求百分比为 52.86%、2017 年需求百分比为 58.83%、2018 年需求百分比为 59.98%、2019 年需求百分比为 61.78%、2020 年需求百分比为 57.55%。如图 2-5 所示。

2.1.2.3 财务软件应用能力

市场对全国大数据与会计专业专科人才"财务软件应用能力"的需求百分比呈上

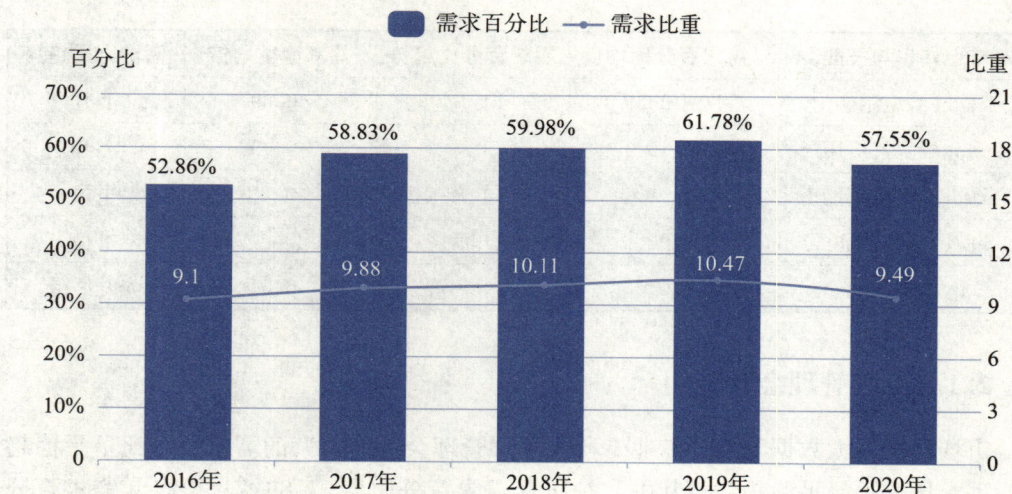

图 2-5　市场对全国大数据与会计专业专科人才"货币资金凭证账簿能力"需求趋势图

升趋势，需求比重呈平稳趋势。其中，2016 年需求百分比为 50.67％、2017 年需求百分比为 53.17％、2018 年需求百分比为 54.94％、2019 年需求百分比为 59.09％、2020 年需求百分比为 53.89％。如图 2-6 所示。

图 2-6　市场对全国大数据与会计专业专科人才"财务软件应用能力"需求趋势图

2.1.2.4　税务能力

市场对全国大数据与会计专业专科人才"税务能力"的需求百分比呈上升趋势，需求比重呈平稳趋势。其中，2016 年需求百分比为 47.68％、2017 年需求百分比为 46.61％、2018 年需求百分比为 49.55％、2019 年需求百分比为 52.80％、2020 年需求百分比为 48.44％。如图 2-7 所示。

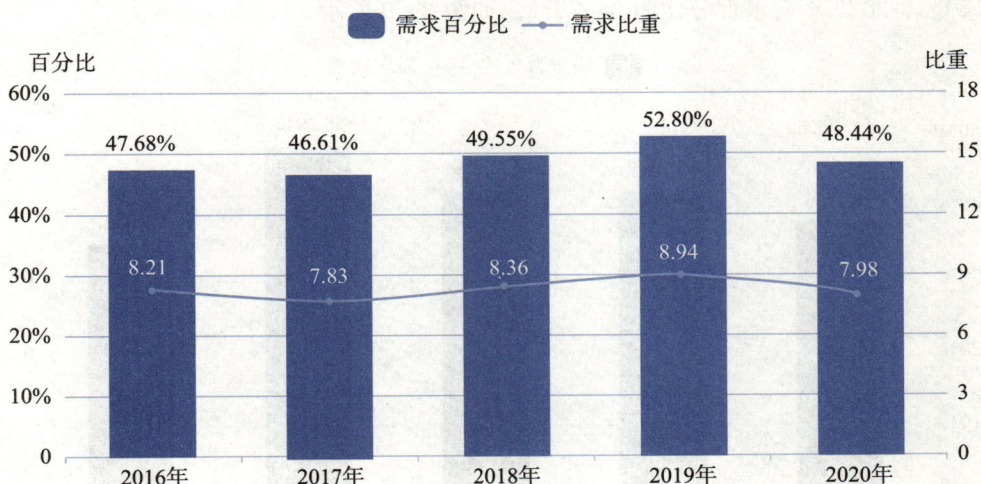

图 2-7　市场对全国大数据与会计专业专科人才"税务能力"需求趋势图

2.1.2.5　财务管理能力

市场对全国大数据与会计专业专科人才"财务管理能力"的需求百分比呈上升趋势，需求比重呈平稳趋势。其中，2016 年需求百分比为 42.63％、2017 年需求百分比为 45.65％、2018 年需求百分比为 47.68％、2019 年需求百分比为 53.62％、2020 年需求百分比为 42.69％。如图 2-8 所示。

图 2-8　市场对全国大数据与会计专业专科人才"财务管理能力"需求趋势图

2.1.2.6　审计证据搜集能力

市场对全国大数据与会计专业专科人才"审计证据搜集能力"的需求百分比呈先升后降趋势，需求比重也呈先升后降趋势。其中，2016 年需求百分比为 38.26％、2017 年需求百分比为 42.14％、2018 年需求百分比为 42.20％、2019 年需求百分比为

48.20％、2020 年需求百分比为 34.79％。如图 2 - 9 所示。

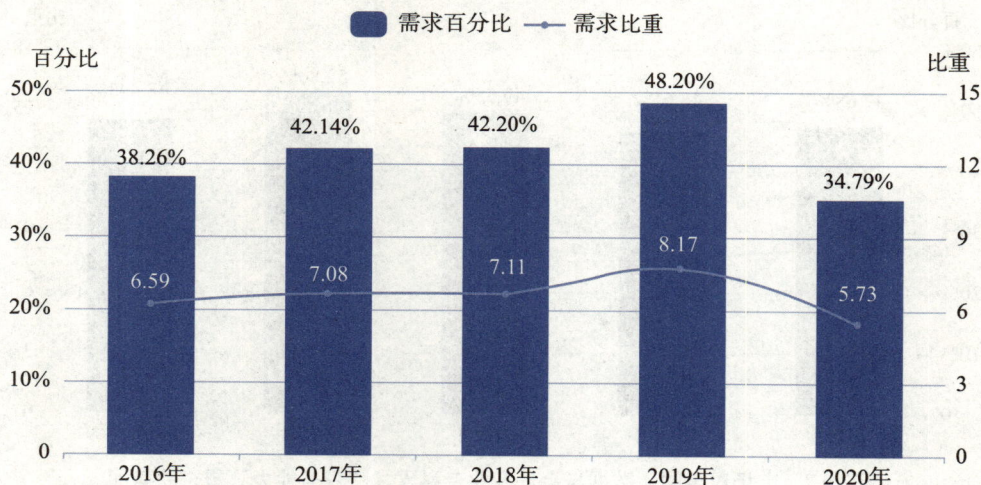

图 2 - 9　市场对全国大数据与会计专业专科人才"审计证据搜集能力"需求趋势图

2.1.2.7　财务分析能力

市场对全国大数据与会计专业专科人才"财务分析能力"的需求百分比呈先降后升趋势，需求比重也呈先降后升趋势。其中，2016 年需求百分比为 43.69％、2017 年需求百分比为 40.43％、2018 年需求百分比为 40.12％、2019 年需求百分比为 31.80％、2020 年需求百分比为 47.12％。如图 2 - 10 所示。

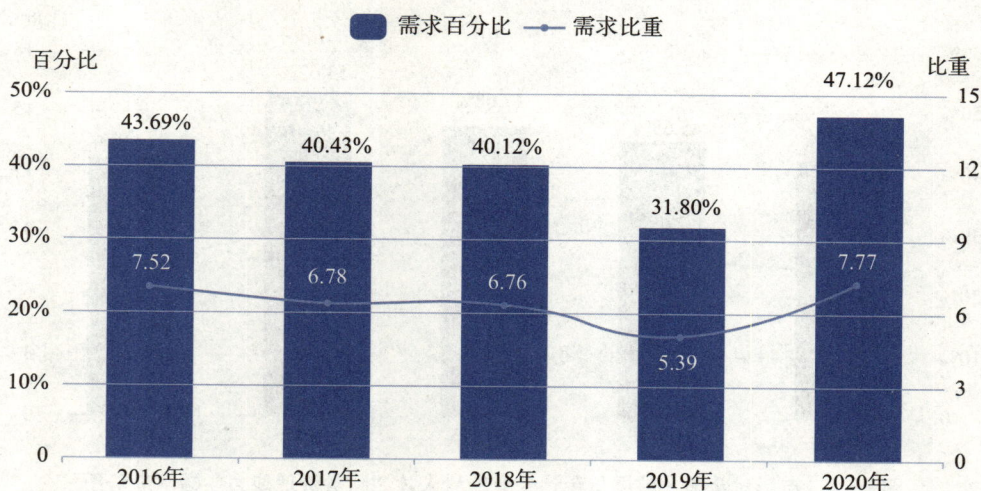

图 2 - 10　市场对全国大数据与会计专业专科人才"财务分析能力"需求趋势图

2.1.2.8　Excel 应用能力

市场对全国大数据与会计专业专科人才"Excel 应用能力"的需求百分比呈上升

趋势，需求比重呈平稳趋势。其中，2016 年需求百分比为 31.16％、2017 年需求百分比为 36.00％、2018 年需求百分比为 35.42％、2019 年需求百分比为 40.07％、2020 年需求百分比为 35.72％。如图 2-11 所示。

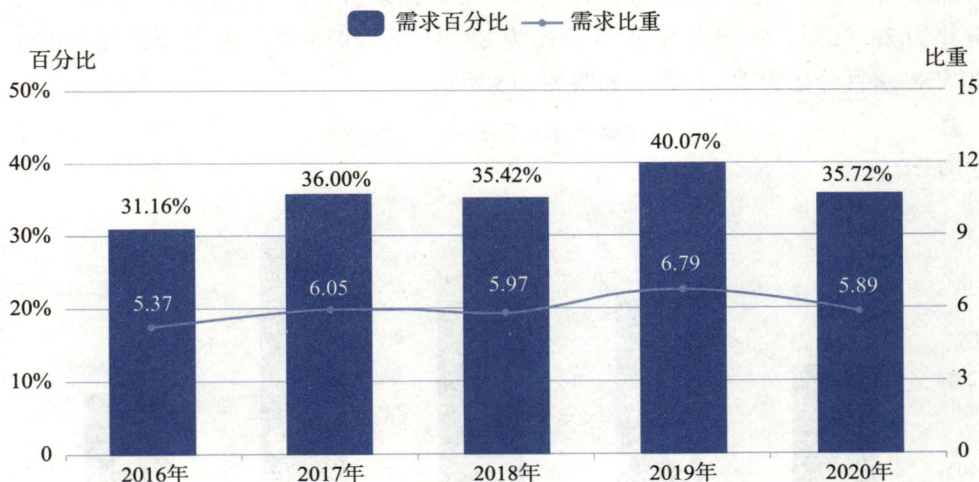

图 2-11 市场对全国大数据与会计专业专科人才"Excel 应用能力"需求趋势图

2.1.2.9 会计核算能力

市场对全国大数据与会计专业专科人才"会计核算能力"的需求百分比呈上升趋势，需求比重呈平稳趋势。其中，2016 年需求百分比为 35.71％、2017 年需求百分比为 32.92％、2018 年需求百分比为 35.87％、2019 年需求百分比为 30.49％、2020 年需求百分比为 46.30％。如图 2-12 所示。

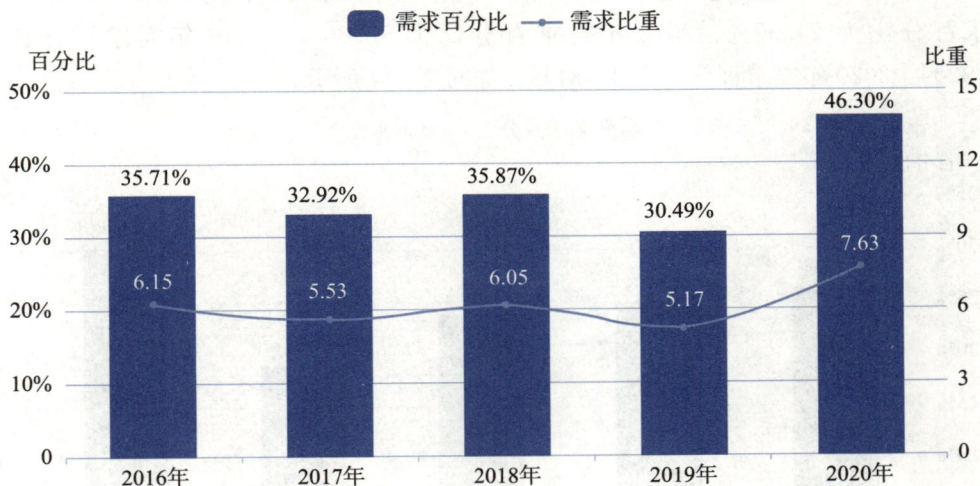

图 2-12 市场对全国大数据与会计专业专科人才"会计核算能力"需求趋势图

2.1.2.10 录入技能

市场对全国大数据与会计专业专科人才"录入技能"的需求百分比呈先升后降趋势，需求比重也呈先升后降趋势。其中，2016年需求百分比为22.03%、2017年需求百分比为29.65%、2018年需求百分比为29.34%、2019年需求百分比为36.29%、2020年需求百分比为19.10%。如图2-13所示。

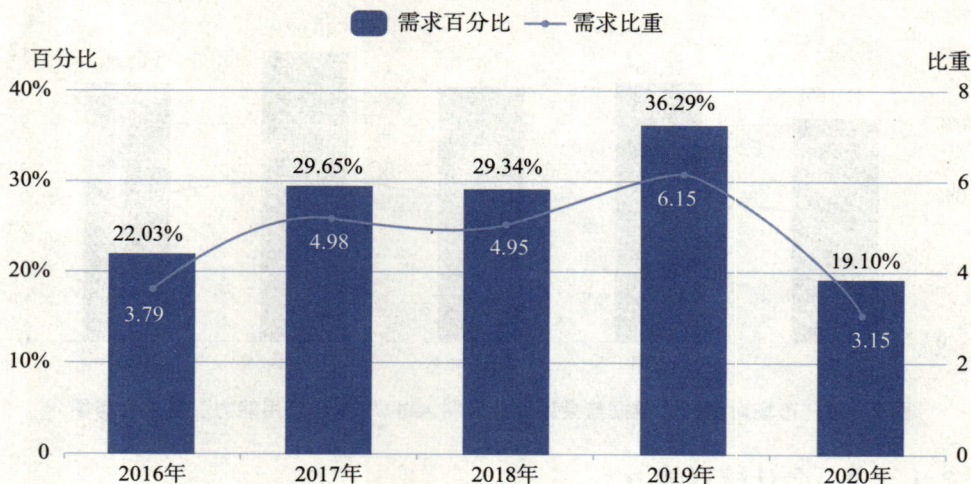

图2-13 市场对全国大数据与会计专业专科人才"录入技能"需求趋势图

2.1.2.11 数据分析能力

市场对全国大数据与会计专业专科人才"数据分析能力"的需求百分比呈先降后升趋势，需求比重也呈先降后升趋势。其中，2016年需求百分比为26.14%、2017年需求百分比为24.97%、2018年需求百分比为23.85%、2019年需求百分比为18.92%、2020年需求百分比为30.31%。如图2-14所示。

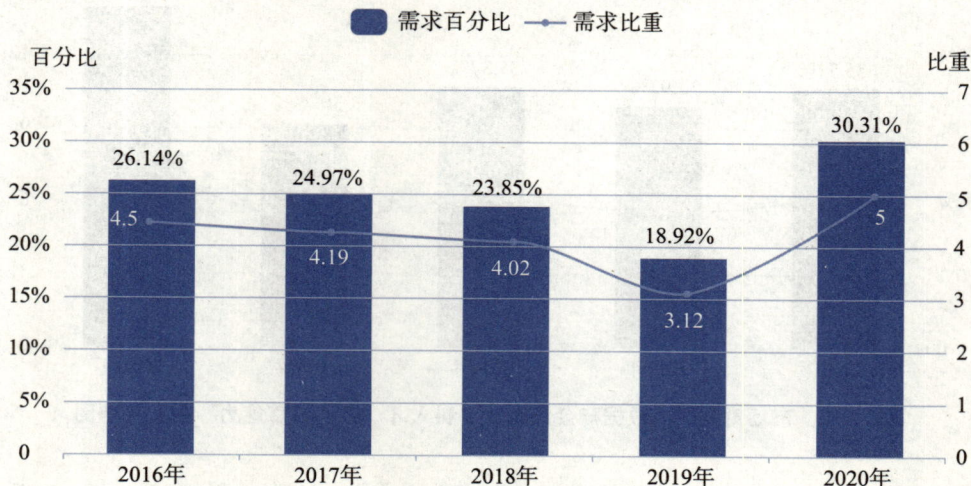

图2-14 市场对全国大数据与会计专业专科人才"数据分析能力"需求趋势图

2.1.2.12　成本管理能力

市场对全国大数据与会计专业专科人才"成本管理能力"的需求百分比呈先降后升趋势，需求比重呈先降后升趋势。其中，2016 年需求百分比为 24.05％、2017 年需求百分比为 23.61％、2018 年需求百分比为 23.09％、2019 年需求百分比为 19.25％、2020 年需求百分比为 30.94％。如图 2-15 所示。

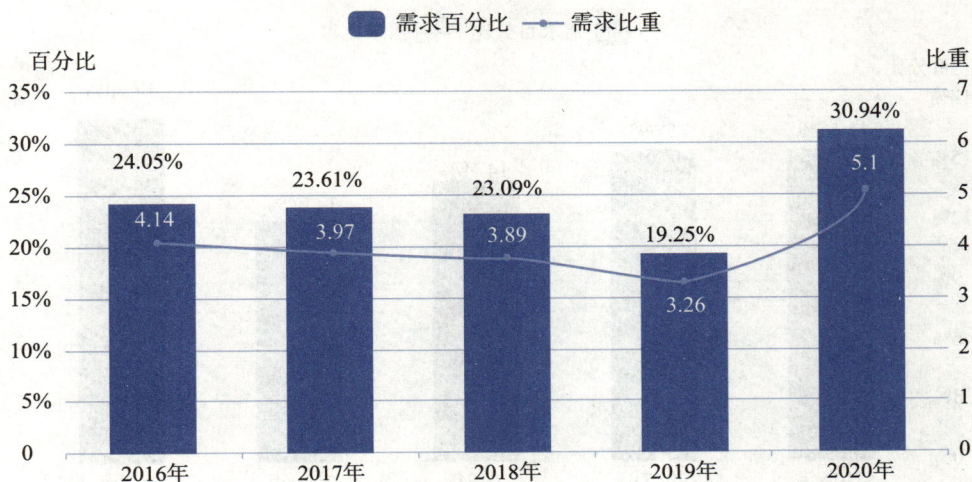

图 2-15　市场对全国大数据与会计专业专科人才"成本管理能力"需求趋势图

2.1.2.13　预算管理能力

市场对全国大数据与会计专业专科人才"预算管理能力"的需求百分比呈下滑趋势，需求比重呈下滑趋势。其中，2016 年需求百分比为 19.40％、2017 年需求百分比为 16.35％、2018 年需求百分比为 16.10％、2019 年需求百分比为 13.27％、2020 年需求百分比为 15.75％。如图 2-16 所示。

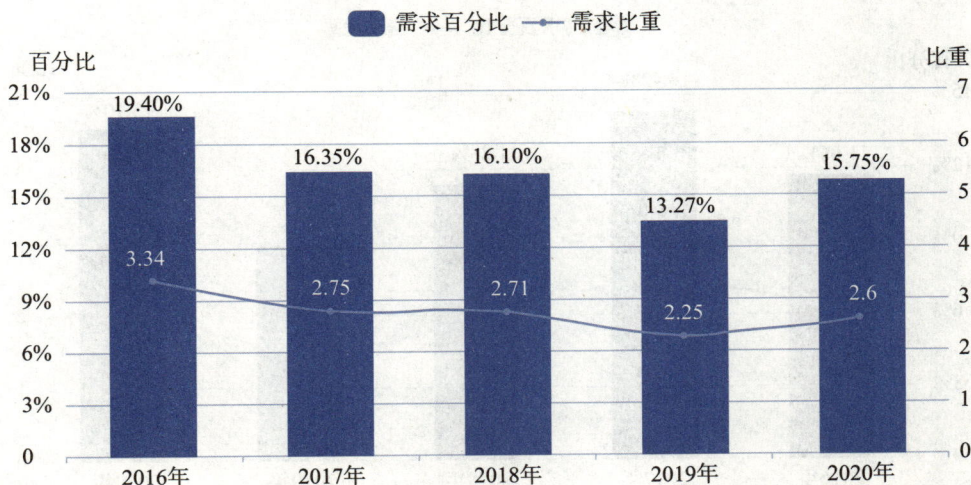

图 2-16　市场对全国大数据与会计专业专科人才"预算管理能力"需求趋势图

2.1.2.14 审计能力

市场对全国大数据与会计专业专科人才"审计能力"的需求百分比呈先降后升趋势，需求比重也呈先降后升趋势。其中，2016 年需求百分比为 15.58％、2017 年需求百分比为 15.69％、2018 年需求百分比为 14.18％、2019 年需求百分比为 12.04％、2020 年需求百分比为 17.20％。如图 2-17 所示。

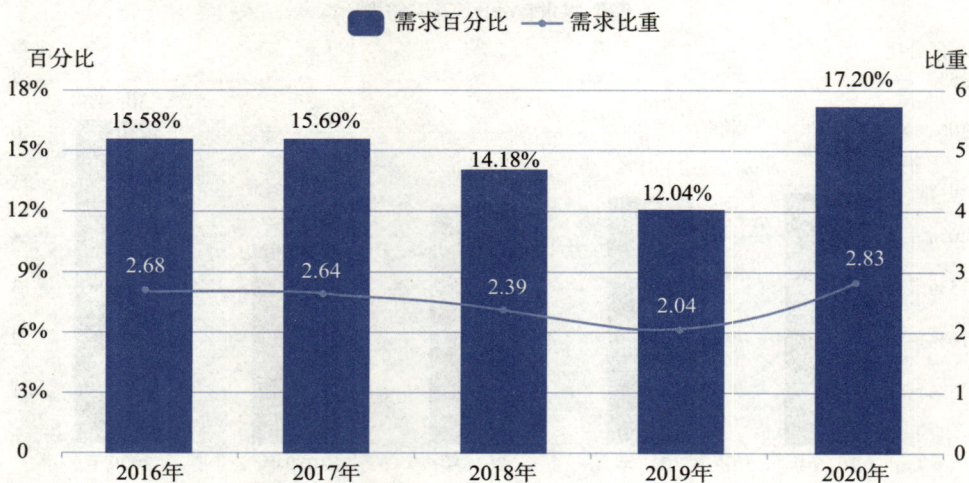

图 2-17 市场对全国大数据与会计专业专科人才"审计能力"需求趋势图

2.1.2.15 审计档案整理能力

市场对全国大数据与会计专业专科人才"审计档案整理能力"的需求百分比呈先降后升趋势，需求比重也呈先降后升趋势。其中，2016 年需求百分比为 11.66％、2017 年需求百分比为 14.42％、2018 年需求百分比为 11.28％、2019 年需求百分比为 8.91％、2020 年需求百分比为 13.70％。如图 2-18 所示。

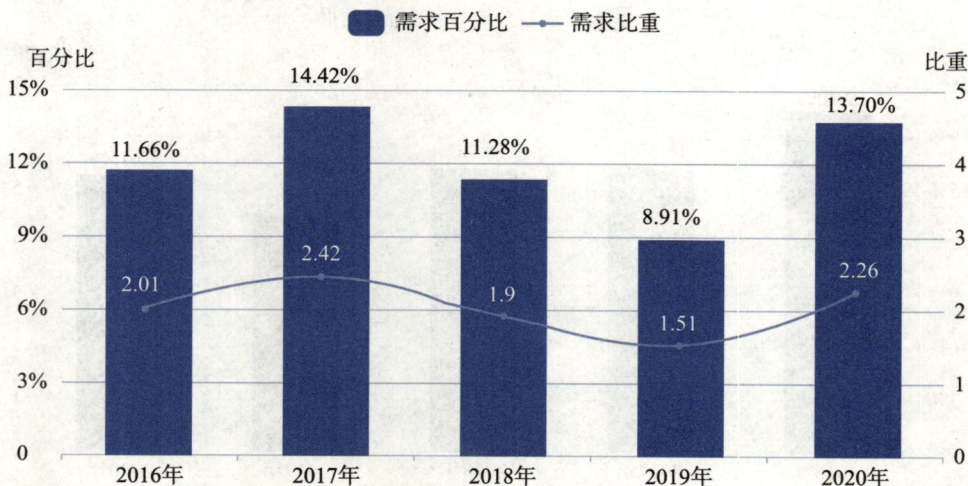

图 2-18 市场对全国大数据与会计专业专科人才"审计档案整理能力"需求趋势图

2.1.2.16　申报缴纳能力

市场对全国大数据与会计专业专科人才"申报缴纳能力"的需求百分比呈下滑趋势，需求比重呈平稳趋势。其中，2016 年需求百分比为 10.72％、2017 年需求百分比为 12.54％、2018 年需求百分比为 11.01％、2019 年需求百分比为 8.98％、2020 年需求百分比为 10.39％。如图 2-19 所示。

图 2-19　市场对全国大数据与会计专业专科人才"申报缴纳能力"需求趋势图

2.1.2.17　商务汇报及文案撰写能力

市场对全国大数据与会计专业专科人才"商务汇报及文案撰写能力"的需求百分比呈下滑趋势，需求比重也呈下滑趋势。其中，2016 年需求百分比为 10.25％、2017 年需求百分比为 8.68％、2018 年需求百分比为 8.56％、2019 年需求百分比为 7.24％、2020 年需求百分比为 9.66％。如图 2-20 所示。

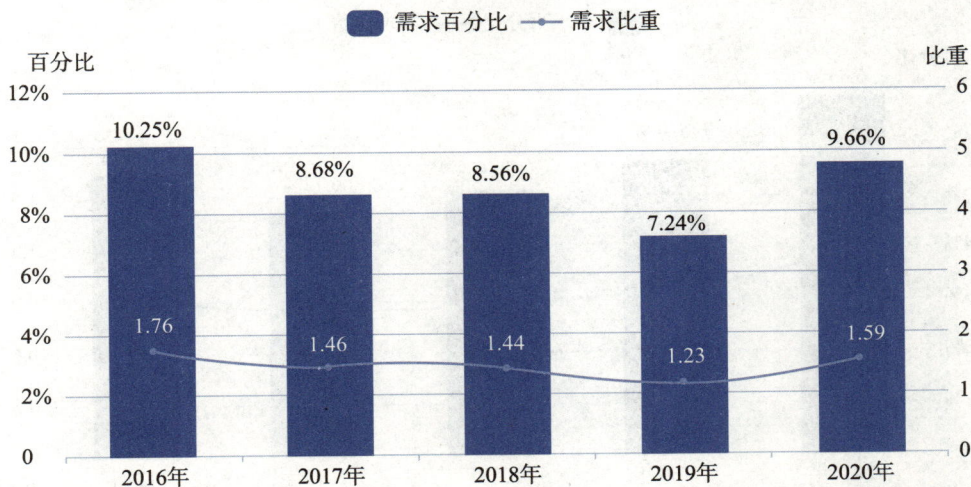

图 2-20　市场对全国大数据与会计专业专科人才"商务汇报及文案撰写能力"需求趋势图

2.1.2.18　税种计算能力

市场对全国大数据与会计专业专科人才"税种计算能力"的需求百分比呈先降后升趋势，需求比重趋势亦然。其中，2016 年需求百分比为 7.22%、2017 年需求百分比为 6.06%、2018 年需求百分比为 6.40%、2019 年需求百分比为 4.93%、2020 年需求百分比为 7.59%。如图 2-21 所示。

图 2-21　市场对全国大数据与会计专业专科人才"税种计算能力"需求趋势图

2.1.2.19　筹资能力

市场对全国大数据与会计专业专科人才"筹资能力"的需求百分比呈下滑趋势，需求比重也呈下滑趋势。其中，2016 年需求百分比为 6.83%、2017 年需求百分比为 5.70%、2018 年需求百分比为 5.14%、2019 年需求百分比为 4.72%、2020 年需求百分比为 5.46%。如图 2-22 所示。

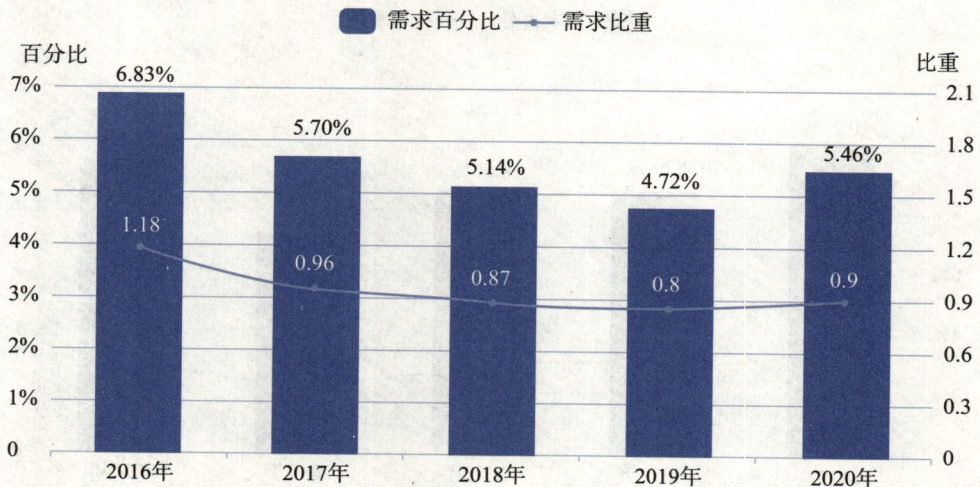

图 2-22　市场对全国大数据与会计专业专科人才"筹资能力"需求趋势图

2.1.2.20 财务报表制作能力

市场对全国大数据与会计专业专科人才"财务报表制作能力"的需求百分比呈下滑趋势，需求比重也呈下滑趋势。其中，2016 年需求百分比为 4.48%、2017 年需求百分比为 3.87%、2018 年需求百分比为 3.23%、2019 年需求百分比为 1.90%、2020年需求百分比为 3.24%。如图 2-23 所示。

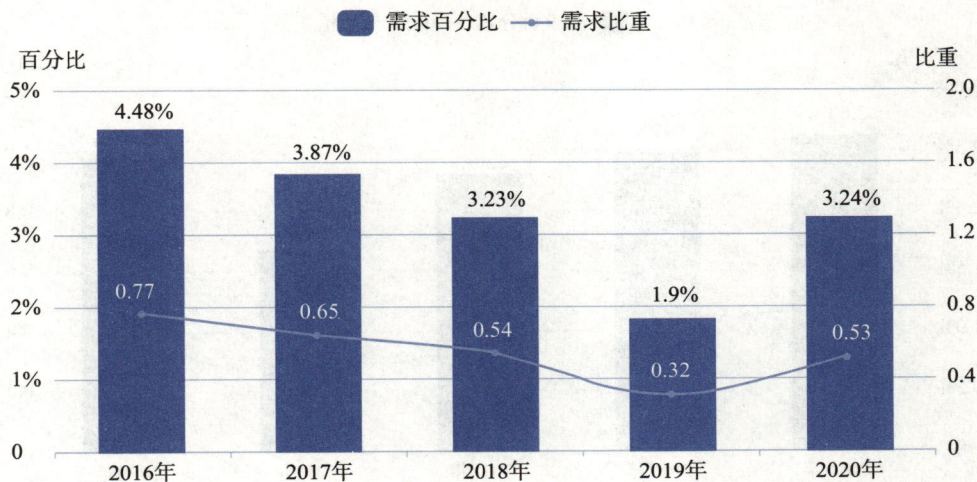

图 2-23 市场对全国大数据与会计专业专科人才"财务报表制作能力"需求趋势图

2.1.2.21 投资管理能力

市场对全国大数据与会计专业专科人才"投资管理能力"的需求百分比呈下滑趋势，需求比重也呈下滑趋势。其中，2016 年需求百分比为 4.73%、2017 年需求百分比为 3.38%、2018 年需求百分比为 3.27%、2019 年需求百分比为 2.80%、2020 年需求百分比为 2.89%。如图 2-24 所示。

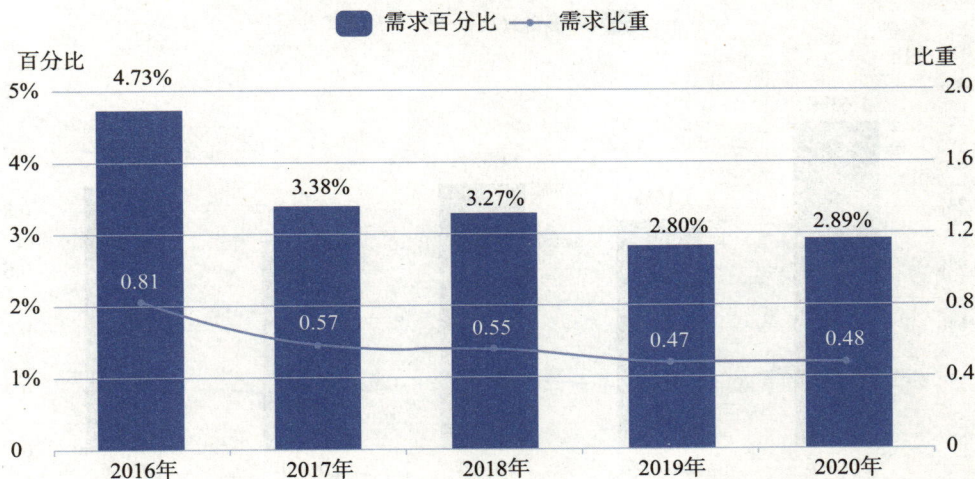

图 2-24 市场对全国大数据与会计专业专科人才"投资管理能力"需求趋势图

2.1.2.22　资金收付业务处理能力

市场对全国大数据与会计专业专科人才"资金收付业务处理能力"的需求百分比呈下滑趋势，需求比重呈下滑趋势。其中，2016 年需求百分比为 2.63％、2017 年需求百分比为 2.49％、2018 年需求百分比为 2.30％、2019 年需求百分比为 1.69％、2020 年需求百分比为 2.45％。如图 2－25 所示。

图 2－25　市场对全国大数据与会计专业专科人才"资金收付业务处理能力"需求趋势图

2.1.2.23　数据库应用能力

市场对全国大数据与会计专业专科人才"数据库应用能力"的需求百分比近四年以来呈下滑趋势，需求比重也呈下滑趋势。其中，2016 年需求百分比为 1.63％、2017 年需求百分比为 1.15％、2018 年需求百分比为 1.33％、2019 年需求百分比为 1.05％、2020 年需求百分比为 1.33％。如图 2－26 所示。

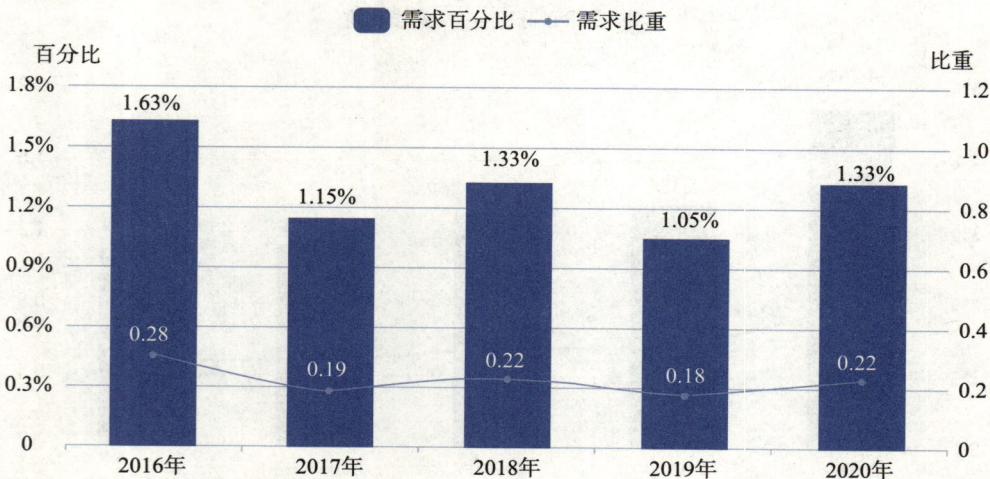

图 2－26　市场对全国大数据与会计专业专科人才"数据库应用能力"需求趋势图

2.1.2.24　数据模型构建能力

市场对全国大数据与会计专业专科人才"数据模型构建能力"的需求百分比呈下滑趋势，需求比重也呈下滑趋势。其中，2016 年需求百分比为 2.05%、2017 年需求百分比为 0.92%、2018 年需求百分比为 0.69%、2019 年需求百分比为 0.90%、2020年需求百分比为 0.62%。如图 2-27 所示。

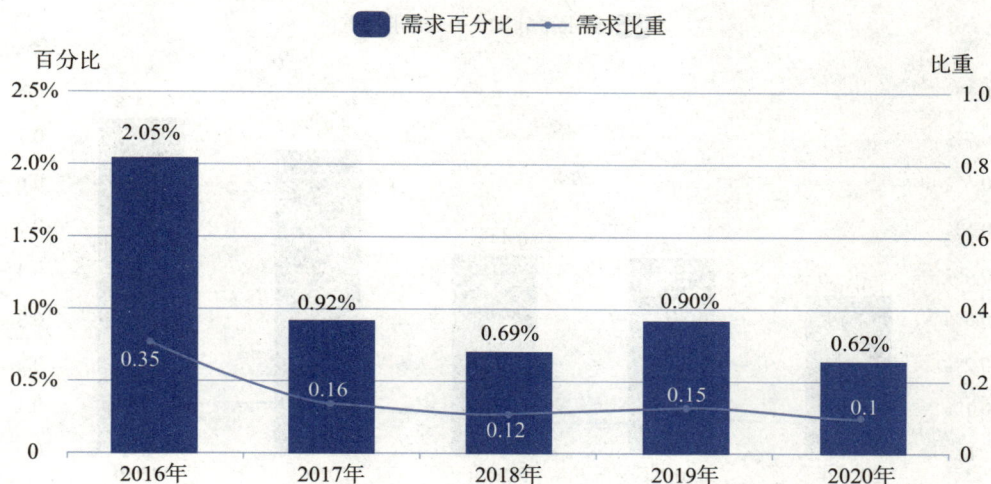

图 2-27　市场对全国大数据与会计专业专科人才"数据模型构建能力"需求趋势图

2.1.2.25　工作底稿编制能力

市场对全国大数据与会计专业专科人才"工作底稿编制能力"的需求百分比呈上升趋势，需求比重也呈上升趋势。其中，2016 年需求百分比为 0.39%、2017 年需求百分比为 0.56%、2018 年需求百分比为 0.53%、2019 年需求百分比为 0.69%、2020年需求百分比为 0.57%。如图 2-28 所示。

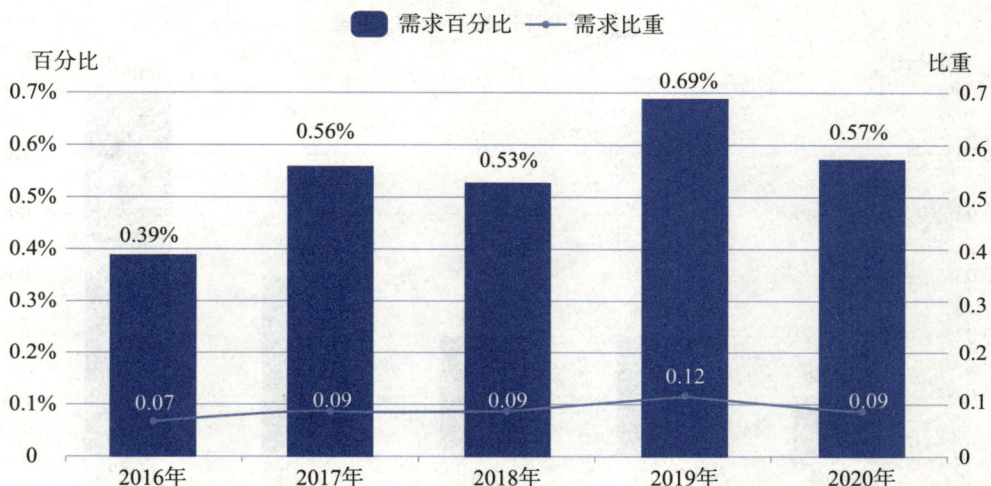

图 2-28　市场对全国大数据与会计专业专科人才"工作底稿编制能力"需求趋势图

2.1.2.26　大数据分析工具应用能力

市场对全国大数据与会计专业专科人才"大数据分析工具应用能力"的需求百分比呈上升趋势，需求比重也呈上升趋势。其中，2016 年需求百分比为 0.36％、2017年需求百分比为 0.44％、2018 年需求百分比为 0.44％、2019 年需求百分比为 0.67％、2020 年需求百分比为 0.74％。如图 2－29 所示。

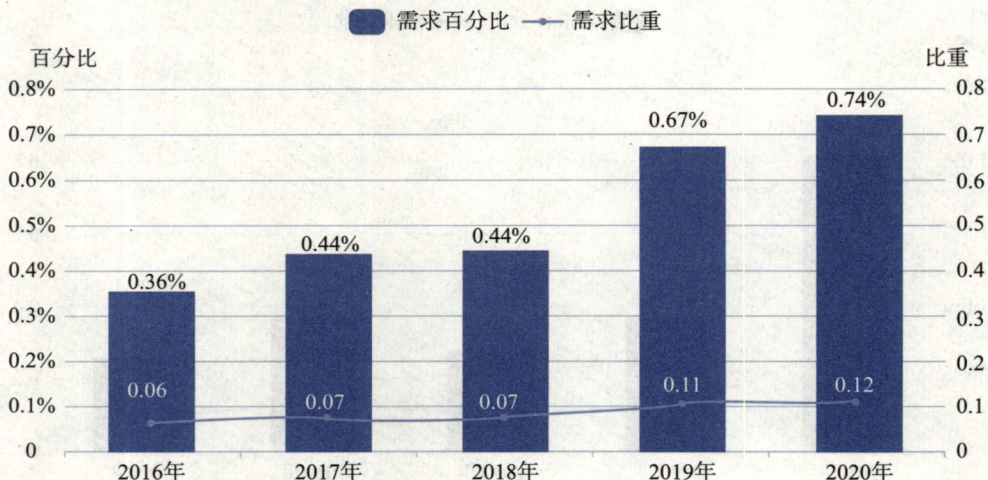

图 2－29　市场对全国大数据与会计专业专科人才"大数据分析工具应用能力"需求趋势图

2.1.2.27　会计机器人应用能力

市场对全国大数据与会计专业专科人才"会计机器人应用能力"的需求百分比呈上升趋势，需求比重呈平稳趋势。其中，2016 年需求百分比为 0.01％、2017 年需求百分比为 0.02％、2018 年需求百分比为 0.02％、2019 年需求百分比为 0.03％、2020年需求百分比为 0.06％。如图 2－30 所示。

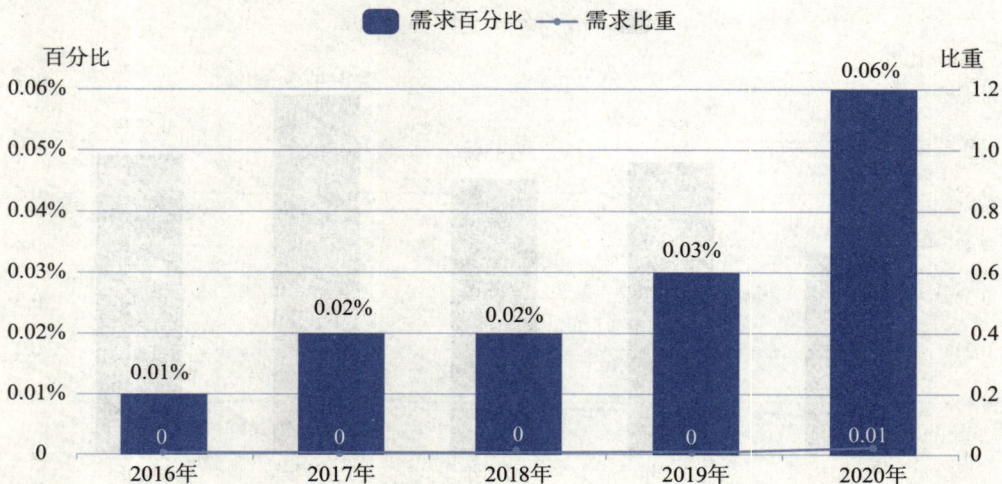

图 2－30　市场对全国大数据与会计专业专科人才"会计机器人应用能力"需求趋势图

2.1.2.28 假钞鉴别技能

市场对全国大数据与会计专业专科人才"假钞鉴别技能"的需求百分比呈先升后降趋势，需求比重呈平稳趋势。其中，2016 年需求百分比为 0.01%、2017 年需求百分比为 0.03%、2018 年需求百分比为 0.02%、2019 年需求百分比为 0、2020 年需求百分比为 0。如图 2-31 所示。

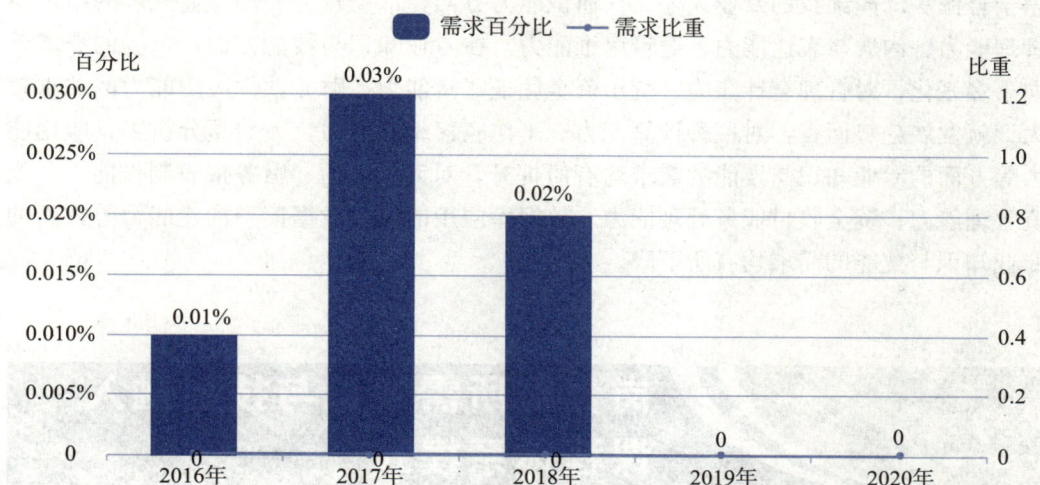

图 2-31　市场对全国大数据与会计专业专科人才"假钞鉴别技能"需求趋势图

2.1.2.29 Python 语言

市场对全国大数据与会计专业专科人才"Python 语言"的需求百分比呈先升后降趋势，需求比重也呈先升后降趋势。其中，2016 年需求百分比为 0、2017 年需求百分比为 0、2018 年需求百分比为 0.01%、2019 年需求百分比为 0.15%、2020 年需求百分比为 0.04%。如图 2-32 所示。

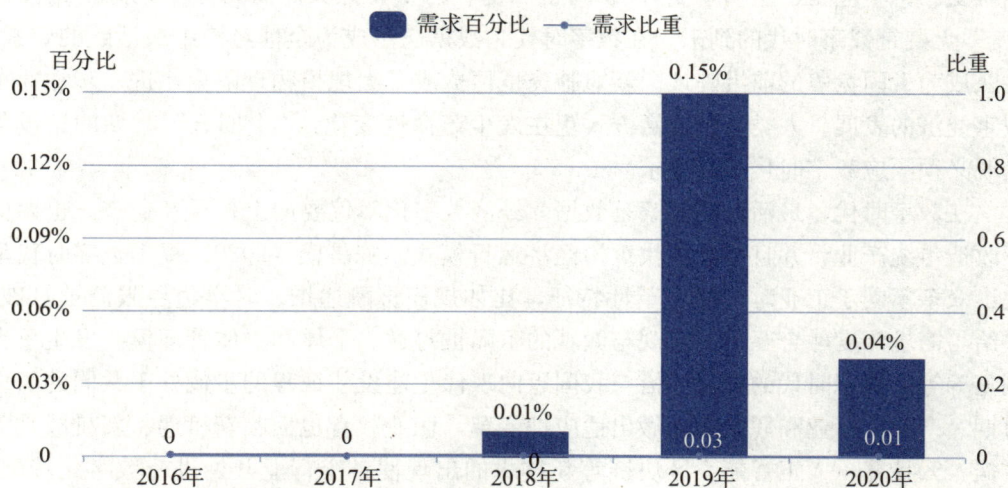

图 2-32　市场对全国大数据与会计专业专科人才"Python 语言"需求趋势图

⭐ 2.1.3 市场对大数据与会计岗位所需要的素养、通识能力以及专业知识与技能分析结论

通过对本专业全国需求情况的调研分析可知，在素养方面，市场青睐爱岗敬业、乐于合作、严谨细致的专业人才。在通识能力方面，市场较为关注专业人才的组织与管理能力、沟通与表达能力、逻辑思维能力。在专业知识与技能方面，市场的需求趋向于多元化，对管理会计能力、货币资金凭证账簿能力、财务软件应用能力的需求较大。就发展趋势而言，对税种计算能力、工作底稿编制能力、大数据分析工具应用能力等方面的专业知识与技能的需求均有所提升，对筹资能力、财务报表制作能力、投资管理能力、资金收付业务处理能力、数据库应用能力、数据模型构建能力等方面的专业知识与技能的需求均有所下降。

2.2 岗位群所需知识与技能融入课程体系模式

⭐ 2.2.1 岗位群所需知识技能融入课程体系的必要性分析

2020 年 8 月 24 日，习近平在主持召开经济社会领域专家座谈会并发表重要讲话时指出，"十四五"时期我国将进入新发展阶段，要"增强机遇意识和风险意识，准确识变、科学应变、主动求变"，强调了"变"的重要意义。而当今令人感受最强的"变"无疑是数字时代的到来。在数字时代，数据已然成为全球经济中最活跃的要素，一跃成为大国竞争的前沿阵地。新冠肺炎疫情造成了大规模物理隔离，进一步加速了数字经济的发展。人类生产生活方式正在发生革命性变化，"十四五"时期的建设与发展必须顺应数字时代的新要求。

在数字时代，最活跃的要素是数据。经济数字化不仅要向上拓展新业态，也要向下改造传统产业，并且需要加快重构经济运行模式。陈昌盛（2020）提出数字时代呈现出众多不同于工业时代的变革性特征，比如规模报酬递增、时空边界限制被打破、供给与需求深度融合互动、宏观与微观的阻隔被打通、个体和群体管理模式发生重大调整等等。数字时代的开启，恰与我国迈向现代化建设新征程的步伐处于共同的历史时期。产业、行业和职业必须做出适应性变革，职业教育也面临新机遇、新挑战。大数据、云计算、人工智能、区块链等新技术的出现使各个行业开始进行数字化转型，中央不断出台政策文件鼓励和发展数字经济。时代的发展对人才的知识储备和能力结

构提出了新要求，必将引起市场对人才需求结构的变动。

北京经济管理职业学院数字财金专业群组建于 2019 年，2021 年实现以群建院，同时学院更名为数字财金学院，这不是简单的更名，而是适应数字经济的产生和发展以及市场需求的变换，采取集团式作战的方式进行人才培养。其中首要变革的是人才培养目标、培养规格和与之对应的课程体系，以适应数字时代的发展需要。《现代职业教育体系建设规划（2014—2020 年）》强调"改革职业教育专业课程体系""建立真实应用驱动教学改革机制""基本形成对接紧密、特色鲜明、动态调整的职业教育课程体系"。而且，当前学院面临着招生、就业的压力和同类院校、同类专业的竞争压力，财金专业群须适应市场趋势变化探索和实现转型。顺应数字时代的发展重构课程体系是成功转型的关键环节，具有必要性和紧迫性。

为了更科学、更合理地构建符合社会需求、人才培养规律的专业群人才培养体系，有效整合教育资源，学院把构建数字技术赋能的财金专业群课程体系作为专业群建设的首要任务。数字财金专业群立足于以"金融科技"为牵引的北京经济新格局，为"财会税金审"行业实操型、技术技能型人才的培养提供优质精准的课程体系，进行财金岗位人才知识更新和技能重构，最终培养出"精财税、通金融、会营销、善沟通、数字化、技能强、上手快"的新时代高素质技术技能型、创新型专门人才。财金专业群课程体系的重构应与专业的培养目标以及学生的专业能力有机结合，"上云、用数、赋智"，按照岗位要求对专业群课程体系进行设计，将岗位群所需的知识与技能有机融入，这样才能培养出合格的高等职业院校财金技术人才。因此，课程体系的重构及岗位群所需知识技能的融入是重点也是难点，需要首先开展研究，提出实施方案。

⭐ 2.2.2 当前数字财金专业群课程体系存在的问题

2.2.2.1 课程体系的构建模式缺乏科学性

现有的课程体系部分依托于旧的课程体系，在此基础上进行微调，而原有课程体系的构建多是以学科系统化或学习理论导向的课程体系开发模式设计的，未充分体现工学结合，已经与现代职教理论严重背离。

2.2.2.2 课程体系的结构框架欠缺合理性

课程体系结构框架的各部分名称设计、内涵理解和各类课程之间的关系不明确、不符合逻辑或与实际教学需求存在偏差；可供学生依据自身就业趋向灵活选择的模块课程没有明显差异；专业群各专业协同发展的关系在课程体系中无法体现出来，关系也没有理顺。

2.2.2.3　课程体系的教学内容存在滞后性

课程中缺乏"数字化"能力培养的内容；或者是名称更换了，但实际授课内容没有根据数字时代的要求做出实质性的调整，明显滞后于时代发展需要，阻碍了高技能创新型人才培养目标的实现；或者虽然持续推进融合数字技术的课程，但受限于基础条件，未打破原有的学科边界，只是机械组合，不能实现真正融合，跟不上行业数字化的需要。同时，校企合作开发课程的力度不够。

2.2.2.4　课程体系的排课衔接缺少周密性

各课程之间的衔接不够周密，彼此之间教学内容存在重复、缺漏，课时安排不合理，排课次序也存在问题，没有根据能力开发与职业成长规律以及典型工作任务的学习难度进行阶梯式设计。

⭐ 2.2.3　知识与技能在"平台＋模块"课程体系中的体现

通过人才需求分析、技术与服务领域分析、岗位群工作任务分析，前面研究中已提出构建"平台＋模块"的课程体系，培养具有专业综合能力的复合型人才，实现"底层共享、中层分流、高层互选"。课程体系各部分知识与技能的分布如下。

2.2.3.1　底层共享，构建基本素质和专业素质课程平台

这个用以共享的平台性课程群的内容设置，突出了全面提高学生基本素质、培养学生的行业通用能力、培养可持续发展人才的理念。一是搭建"基本素质平台"，其中囊括了如思想道德修养与法律基础、毛泽东思想和中国特色社会主义理论体系概论、形势与政策、高等数学、信息技术基础、大学英语、大学生职业发展与就业创业指导等全校性的通识教育课程；二是搭建"专业素质平台"，其中囊括了群内各专业所必需的知识、技能和素质，为学习专业核心课程打下坚实基础的专业群基础课程，如财报编制与分析、智能财经基础、金融科技、大数据可视化等。

2.2.3.2　中层分流，构建核心课程平台

依据群内各专业的培养目标和就业面向的岗位，打破理论教学和实践教学的界限，围绕典型工作任务（过程）设置体现专业理论与职业技能综合的专业核心"理实一体化"课程，推进"教学做合一"。以金融服务与管理专业为例，依据该专业面向的就业岗位工作任务（过程）要求，重点开设金融服务营销、金融服务礼仪、智慧理财、银行授信业务、银行柜台业务、银行会计实务等专业核心课程。

2.2.3.3 高层互选，构建素质拓展和专业拓展课程平台

开设可供群内各专业交叉互选的素质拓展和专业拓展课程平台。例如，大数据与会计、金融科技应用、财富管理等专业的学生可选修应用文写作、商务礼仪等素质拓展模块中的课程，以及会计电算化实训、证券投资分析等专业拓展模块中的课程及实训。在巩固专业知识与职业技能、提升职业素养的基础上，培养学生知识迁移与跨岗位就业的能力，拓宽就业口径，培养社会需要的复合型人才。如图 2-33 所示。

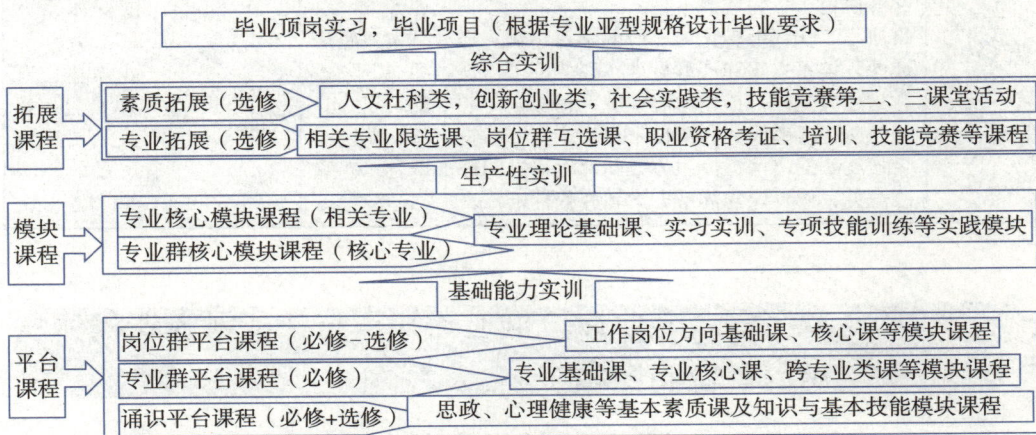

```
            毕业顶岗实习，毕业项目（根据专业亚型规格设计毕业要求）
                          综合实训
拓展     素质拓展（选修）    人文社科类，创新创业类，社会实践类，技能竞赛第二、三课堂活动
课程     专业拓展（选修）    相关专业限选课、岗位群互选课、职业资格考证、培训、技能竞赛等课程
                          生产性实训
模块     专业核心模块课程（相关专业）    专业理论基础课、实习实训、专项技能训练等实践模块
课程     专业群核心模块课程（核心专业）
                          基础能力实训
平台     岗位群平台课程（必修-选修）    工作岗位方向基础课、核心课等模块课程
课程     专业群平台课程（必修）    专业基础课、专业核心课、跨专业类课等模块课程
        诵识平台课程（必修+选修）    思政、心理健康等基本素质课及知识与基本技能模块课程
```

图 2-33 "平台+模块"的课程体系

★ 2.2.4 运用"工作过程系统化"理论将知识与技能融入课程体系的思路

运用"工作过程系统化"的课程体系开发思路，分析数字时代人才培养目标、培养规格（知识、能力和素养）的变化，开发财金专业群的课程体系，重点在于专业群课程体系的构建，即构建以就业为导向、适应数字时代发展要求的职业院校财金类专业群课程体系，整体推进专业群各专业协同发展，开发思路如表 2-2 所示。

表 2-2 知识与技能融入课程体系的"工作过程系统化"开发思路

阶段	任务要点	参加人员	工作方法	工作成果
行业分析	收集行业企业经济技术发展的基础数据，对专业和专业群的职业工作和职业教育状况进行分析，从宏观上把握行业企业的人才需求和职业教育现状	参与课程体系开发的专业教师	文献分析、访谈、问卷调查等	调查报告
工作分析	对专业和专业群对应的各岗位工作的性质、任务、责任、相互关系以及任职工作人员的知识、技能和素质进行全面和系统的调查分析，物色下一步参加实践专家研讨会的实践专家	专业教师	文献分析、访谈、问卷调查等	收集的相关文件、分析记录

续表

阶段	任务要点	参加人员	工作方法	工作成果
典型工作任务分析与描述	召开实践专家研讨会，确定本专业和专业群的典型工作任务的名称及基本内涵（工作过程、对象、方法、工具、劳动组织方式、工作要求等），详细描述典型工作任务	实践专家、课程体系开发主持人、专业教师、高层次企业专家	实践专家研讨会（利用头脑风暴、张贴板等思维工具）、专家访谈	典型工作任务列表、典型工作任务简单描述、典型工作任务详细描述
典型工作任务转化为学习领域、课程体系论证及修订	召开研讨会，完成以下任务：将典型工作任务转化为相应的学习领域，形成课程体系方案和课程标准；以典型工作任务描述为基础，描述学习领域，确认学习领域与所包含的职业和岗位工作生产实际的符合程度，提出课程体系方案和课程标准的修改意见；修订课程体系方案和课程标准	课程专家、有实践经历的专业教师、实践专家、高层次企业专家（必要时）	研讨、归纳、论证会、调查	课程体系方案、学习领域描述、专家评价意见、课程体系方案和课程标准

2.2.5 数字财金专业岗位群所需知识与技能融入课程体系应具备的理念

2.2.5.1 充分体现"云物大智移区"新技术的运用

云计算、物联网、大数据、人工智能、移动互联、区块链等概念和技术在我国社会经济生活中广泛运用，"云物大智移区"，不是概念，也不是趋势，而是"未来已来"。作为财金专业群，不能坐以待毙，应该主动去适应这个技术日新月异的时代，充分地拥抱这个时代。

2.2.5.2 切实贯彻"跨界融合发展"理念

师资背景跨界、人才培养跨界，应该是数字财金专业群教育的必然路径。建设跨专业复合型师资团队是十分必要的。专业群的组建，必须秉承"跨界融合发展"理念，引进相关专业教师，通过"文理融合"，让不同专业背景的教师为数字财金专业群的建设和发展带来全新的理念、全新的技术方法、全新的模式，培养真正符合社会需要的数字财金专业人才。

2.2.5.3 坚决贯彻"以学生发展为中心"的理念

专业建设为了学生、课程建设为了学生、课堂教学为了学生，从教学设计、教学实施到教学评价都要围绕着学生展开，要特别注重学生的反馈和评价，不断改进课程教学。人才培养方案的制定，必须考虑学生的实际情况，以学生为出发点和落脚点。

2.2.5.4　积极推进信息技术与教学的有机融合

传统的财金类岗位正在日益减少，如今和未来的财金类工作更多地需要新技术的嵌入和应用，为适应"数字＋财金"教育新要求，需要全面提升教师数字技术应用能力；积极推动教师角色的转变和教育理念、教学内容、教学方法以及教学评价等方面的改革；加快建设智能化教学支持环境，建设满足多样化需求的课程资源，服务学生终身学习。

2.2.5.5　结语

课程体系的变革，属于动态研究而非静态，这样才更有利于适应数字时代高速发展变化的特征。课程设置的广度和深度都以数字时代的创新和发展为源泉和动力。

重视与数字技术交叉的课程开发与设计，关注数字时代人才的核心能力，构建岗位能力模型，探索云计算、大数据、区块链等技术与财金专业的有机融合，不是"数字＋专业"的简单加和，而是要将数字能力的培养通过系统化课程设计与其他能力、素质的培养统一起来。

知识与技能融入课程体系采用"工作过程系统化"模式，有利于深化产教融合、校企合作，校企共同构建课程体系、共同参与教学，才能培养出行业企业所需的人才。

2.3　岗位群所需知识与技能在课程体系中的差异化安排

2.3.1　专业群课程体系设计思路

自从教育部、财政部《关于实施国家示范性高等职业院校建设计划加快高等职业教育改革与发展的意见》（教高〔2006〕14 号）首次提出了专业群的建设任务后，国内学者对专业群概念的研究逐渐达成共识，即专业群建设应该基于相关专业、产业、行业岗位群之间的"职业联系"，而不是基于学科专业理论知识的"学科联系"。

基于上述认识，专业群课程体系建设的基本思路就是：首先，明确哪些专业具有相当紧密的、较为广泛的职业联系基础，可以将其归为一个专业群，这解决的是专业群的范围界限以及专业群对接行业接口的问题；其次，调查分析以及描述界定这些处于同一专业群的工作岗位的典型工作任务，这解决的是培养出来的毕业生可以和应该能够做什么的问题，这一环节对接的是专业群各岗位的职业任务及需求；再次，深入剖析胜任这些典型工作任务所需要的知识和技能，构建专业群知识和技能目标能力的集合，这解决的是专业群中的各专业具体的、实例化的人才培养目标的问题，对接的是各专业课程标准框架；最后，将上述知识和技能的集合按照专业群各专业的职业生涯成长的逻辑关系梳理成具有宽基础、多方向、多层次、多通道的立体化专业群课程体系。

那么如何基于相关产业行业岗位群之间的"职业联系"来发掘典型工作任务，设计出依托于行业实践的知识和技能标准，进而构建专业群的课程体系呢？澳大利亚在职业教育领域推出的 TAFE（Technical and Further Education）培训包的开发设计思路，对我国专业群职业教育课程标准的建设具有一定的参考意义。

⭐ 2.3.2 借鉴 FNS 培训包思路设置数字财金专业群

截至 2021 年 6 月，澳大利亚共推出了 53 个培训包，其中的 FNS 金融服务培训包（Financial Services Training Package）与我国财经专业群涉及的行业范围较为接近，FNS 金融服务培训包涵盖了金融服务行业领域中的 32 个行业部门（Industry sectors），如表 2-3 所示。

表 2-3　FNS 金融服务培训包中涉及的行业部门

行业部门	行业代码	行业部门（英文）
会计	ACC	Accounting
账户管理	ACM	Account management
反洗钱和反恐金融	AML	Anti-money laundering and counter-terrorism financing
ASIC 业务	ASIC（plus alpha）	Australian securities and investments commission
银行业	BNK	Banking
合规	CMP	Compliance
信用管理	CRD	Credit management
客户服务	CUS	Customer service
金融知识	FLT	Financial literacy
金融和抵押经纪	FMB	Finance and mortgage broking
金融市场	FMK	Financial markets
金融计划	FPL	Financial planning
行业建议	IAD	Industry advice
保险经纪	IBK	Insurance broking
保险人寿	IGN	Insurance life general
保险损失调整	ILA	Insurance loss adjusting

续表

行业部门	行业代码	行业部门（英文）
保险寿险分配	ILD	Insurance life distribution
保险寿险	ILF	Insurance life
行业能力	INC	Industry capability
保险服务	ISV	Insurance services
商业代理	MCA	Mercantile agents
组织管理技巧	ORG	Organizational skills
工薪服务	PAY	Payroll
人身伤害管理	PIM	Personal injury management
实践管理	PRM	Practice management
个人受托管理	PRT	Personal trustees
财务风险管理	RSK	Financial risk management
金融零售服务	RTS	Financial retail services
销售和营销	SAM	Sales and marketing
退休金自我管理	SMS	Self-managed superannuation
退休金	SUP	Superannuation
税务从业人员	TPB	Tax practitioners

从 FNS 培训包中涉及的专业群可以看出，能够组成一个专业群的专业应该具有产业相同、职业相通、岗位相近和技能共享的属性特点。有鉴于此，结合我国目前的行业实际情况及"云物大智移区"广泛应用的时代背景，数字财金专业群所涵盖的会计、金融、税务、保险等专业就具有专业群的属性，将大数据与会计专业、大数据与审计专业、金融服务与管理专业以及金融科技应用专业划分为一个专业群是符合这一逻辑的。

⭐ 2.3.3　TAFE 培训包课程框架体系

FNS 培训包中包含 40 个资格证书（Qualifications）、14 个技能集（Skill sets），其中涉及的能力单元包括 426 个原生能力单元（Native units of competency）和 196 个引进能力单元（Imported units of competency）。

2.3.3.1　能力单元（Units of competency）

TAFE 培训包中最核心的就是能力单元，每个能力单元包括以下几个方面的内容：具体的工作活动及其涉及的内容；开展工作活动所需的特定技能（和技能水平）；

开展工作活动的条件；开展工作活动所需的技能和知识；完成工作活动必不可少的基础技能；学习者如何表现出他们在工作活动中的能力；评估能力单元时必须考虑的绩效证据和知识证据以及收集评估证据的必要条件等。其中，绩效证据规定了个人必须采取的行动，以证明他们满足以能力为单位的绩效标准；知识证据规定了个人必须知道什么，才能安全有效地胜任该能力单元所描述的工作任务；评估条件描述了评估的强制性条件，例如设备和材料的详细信息。此外能力单元中还包括意外情况、身体状况、与他人的关系、时间范围等。它还规定了对评估者的资格要求。

需要注意的是，某些能力单元的获取需要取得一些前导能力单元，比如要获取FNSACC514（为公司实体准备财务报告）能力单元就需要取得 BSBFIA401（准备财务报告）和 FNSACC311（处理财务交易并提取中期报告）这两个能力单元。同时，FNS 培训包还引入了其他培训包中的能力单元，比如 BSB 商业服务培训包、CHC 社区服务培训包、PSP 公共服务培训包和 TAE 培训和教育培训包，共计 196 个能力单元。

2.3.3.2 技能集（Skill sets）

培训包中还包含着特殊的技能集，技能集包括一个或多个认可的能力单元，这些能力单元被打包在一起以应对已设定的行业需求或特定的许可或法规要求。某些能力单元对于一些特定的活动来说是必不可少的，所以将其组合在一起形成一个技能集。技能集本身不是新的能力单元，也不是资格证书。

2.3.3.3 资格证书（Qualifications）

澳大利亚资格框架（Australian Qualifications Framework，AQF）是澳大利亚教育和培训系统中受监管的资格政策，它是为了支持澳大利亚的国家资格体系，包括高等教育、职业教育和培训（VET）以及注册培训组织（Registered Training Organisation，RTO）。FNS 培训包中包含的资格证书如表 2-4 所示。

表 2-4　FNS 培训包中包含的资格证书

证书代码		标　　题
FNS10115	金融服务一级证书	Certificate Ⅰ in Financial Services
FNS20115	金融服务二级证书	Certificate Ⅱ in Financial Services
FNS30120	金融服务三级证书	Certificate Ⅲ in Financial Services
FNS30215	人身伤害管理三级证书	Certificate Ⅲ in Personal Injury Management
FNS30317	账户管理三级证书	Certificate Ⅲ in Accounts Administration
FNS30415	商业代理三级证书	Certificate Ⅲ in Mercantile Agents
FNS40120	信用管理四级证书	Certificate Ⅳ in Credit Management

续表

证书代码	标　题	
FNS40217	会计和簿记四级证书	Certificate Ⅳ in Accounting and Bookkeeping
FNS40715	金融实践支持四级证书	Certificate Ⅳ in Financial Practice Support
FNS40815	金融和抵押经纪四级证书	Certificate Ⅳ in Finance and Mortgage Broking
FNS40920	养老金四级证书	Certificate Ⅳ in Superannuation
FNS41420	普通保险四级证书	Certificate Ⅳ in General Insurance
FNS41515	人寿保险四级证书	Certificate Ⅳ in Life Insurance
FNS41720	保险经纪四级证书	Certificate Ⅳ in Insurance Broking
FNS41820	金融服务四级证书	Certificate Ⅳ in Financial Services
FNS42020	银行服务四级证书	Certificate Ⅳ in Banking Services
FNS42115	人身伤害管理四级证书	Certificate Ⅳ in Personal Injury Management
FNS42215	个人信托管理四级证书	Certificate Ⅳ in Personal Trust Administration
FNS50217	会计文凭	Diploma of Accounting
FNS50315	金融和抵押经纪管理文凭	Diploma of Finance and Mortgage Broking Management
FNS50417	薪资服务文凭	Diploma of Payroll Services
FNS50720	退休金文凭	Diploma of Superannuation
FNS50920	银行服务管理文凭	Diploma of Banking Services Management
FNS51020	金融市场文凭	Diploma of Financial Markets
FNS51120	一般保险文凭	Diploma of General Insurance
FNS51220	保险经纪文凭	Diploma of Insurance Broking
FNS51315	人寿保险文凭	Diploma of Life Insurance
FNS51415	损失调整文凭	Diploma of Loss Adjusting
FNS51520	信用管理文凭	Diploma of Credit Management
FNS51615	证券化文凭	Diploma of Securitization
FNS51820	金融服务文凭	Diploma of Financial Services
FNS51915	人身伤害和伤残保险管理文凭	Diploma of Personal Injury and Disability Insurance Management
FNS52015	个人信托文凭	Diploma of Personal Trusts
FNS60217	会计高级文凭	Advanced Diploma of Accounting
FNS60620	银行服务管理高级大专	Advanced Diploma of Banking Services Management

续表

证书代码		标　题
FNS60720	财务许可管理高级大专	Advanced Diploma of Financial Licensing Management
FNS60820	综合风险管理高级文凭	Advanced Diploma of Integrated Risk Management
FNS60920	计划外高级文凭	Advanced Diploma of Paraplanning
FNS80020	反洗钱和反恐金融研究生证书	Graduate Certificate in Anti-Money Laundering and Counter-Terrorism Financing
FNS80120	反洗钱与反恐金融研究生文凭	Graduate Diploma of Anti-Money Laundering and Counter-Terrorism Financing

　　上述 40 个资格证书按等级从低到高排列，各项资格证书中规定了获取资格证书的总体要求，包括：指定达到资格所需的能力单元总数；指定核心和选修能力单元的数量以及列出所有核心和选修能力单元的代码和标题，包括适用的前提能力单元。FNS 培训包中的 VET 资格证书与 AQF 资格类型是保持一致的，VET 资格证书分别对应 AQF 资格证书的 1、2、3、4、5、6 和 8 级。AQF 为澳大利亚义务教育和培训的资格政策提供了一个全国统一的综合框架。在职业教育和培训部门，通过使用国家承认的资格和成就证明，可以使所有受训者、学习者、雇主和职业教育者保持统一。

2.3.3.4　资格证书的获取和提升

　　每一个级别的资格证书的获取都需要一定数量和级别的能力单元证书，这些能力单元证书可以分为两类：核心能力单元证书和可选能力单元证书。以 FNS50217 会计文凭（Diploma of Accounting）为例，取得该证书总共需要 11 个能力单元证书，其中 6 个是核心能力单元，5 个是可选能力单元（从 23 个可选能力单元中选 5 个），如表 2-5 所示。

表 2-5　取得 FNS50217 证书的能力单元要求

能力单元		说明
FNSACC511 提供财务和业务绩效信息	Provide financial and business performance information	核心能力
FNSACC512 为个人准备税务文件	Prepare tax documentation for individuals	核心能力
FNSACC513 管理预算和预测	Manage budgets and forecasts	核心能力
FNSACC514 为公司实体准备财务报告	Prepare financial reports for corporate entities	核心能力
FNSACC516 实施和维护内部控制程序	Implement and maintain internal control procedures	核心能力
FNSACC517 提供管理会计信息	Provide management accounting information	核心能力
BSBLDR413 领导有效的工作场所关系	Lead effective workplace relationships	可选能力
BSBTEC402 设计和生成复杂的电子表格	Design and produce complex spreadsheets	可选能力
FNSACC408 在会计和簿记行业中有效工作	Work effectively in the accounting and book-keeping industry	可选能力

续表

能力单元		说明
FNSACC505 建立和维护会计信息系统	Establish and maintain accounting information systems	可选能力
FNSACC601 为法人实体准备和管理税务文件	Prepare and administer tax documentation for legal entities	可选能力
FNSACC607 评估业务绩效	Evaluate business performance	可选能力
FNSFMK515 符合金融服务法规和行业行为准则	Comply with financial services regulation and industry codes of practice	可选能力
FNSINC503 识别需要复杂的道德决策的情况	Identify situations requiring complex ethical decision making	可选能力
FNSINC504 应用道德框架和原则来做出决定并采取行动	Apply ethical frameworks and principles to make and act upon decisions	可选能力
FNSINC601 将经济原理应用于金融服务业	Apply economic principles to work in the financial services industry	可选能力
FNSINC602 解释和使用财务统计数据和工具	Interpret and use financial statistics and tools	可选能力
FNSORG505 准备财务报告以满足法定要求	Prepare financial reports to meet statutory requirements	可选能力
FNSORG506 编制财务预测和规划	Prepare financial forecasts and projections	可选能力
FNSPAY501 处理薪资打包安排和工资单中的额外津贴	Process salary packaging arrangements and additional allowances in payroll	可选能力
FNSPAY502 处理工资单中的退休金	Process superannuation payments in payroll	可选能力
FNSPAY503 处理工资单中的复杂员工离职	Process complex employee terminations in payroll	可选能力
FNSPAY504 解释和应用与工资相关的行业法规知识	Interpret and apply knowledge of industrial regulations relevant to payroll	可选能力
FNSPAY505 解释和应用与工资相关的税收系统知识	Interpret and apply knowledge of taxation systems relevant to payroll	可选能力
FNSTPB503 在消费者法和合同法中应用法律原则	Apply legal principles in consumer and contract law	可选能力
FNSTPB504 在公司和信托法中应用法律原则	Apply legal principles in corporations and trust law	可选能力
FNSTPB505 在物权法中应用法律原则	Apply legal principles in property law	可选能力
FNSTPB506 提供税收（金融）咨询服务时适用税收要求	Apply taxation requirements when providing tax（financial）advice services	可选能力
FNSTPB507 在提供税收（金融）咨询服务时应用商业法的法律原则	Apply legal principles in commercial law when providing tax（financial）advice services	可选能力

　　高级别的资格证书往往需要低水平的资格证书作为进入门槛，以 FNS 金融服务培训包中的"会计与簿记"行业中各级别的会计资格证书以及各等级资格证书对应的职业生涯岗位为例，从低到高排列，即为该行业的职业资格提升路径，如表 2-6 所示。

表 2-6　会计与簿记行业的职业资格提升路径

行业部门	资格证书	职业生涯岗位	
会计与簿记	FNS30317 账户管理三级证书	此级别的毕业生将具有工作和/或进阶学习的理论和实践知识与技能	
		• 会计助理	
		• 会计文员	
		• 办公室助理	
		• 初级薪资	
	FNS40217 会计和簿记四级证书	此级别的毕业生将具有专业和/或熟练工作和/或进一步学习的理论和实践知识与技能	
		• 账户管理	
		• 会计文员	
		• 应付账款人员	
		• 应收账款人员	
		• 会计	
		• 债务人业务员	
		• 薪资主任	
	FNS50217 会计文凭	此级别的毕业生将具有专门知识和技能，以进行熟练/超专业工作和/或进一步学习	
		• 应付账款组长	
		• 应收账款组长	
		• 收款主管	
		• 薪资团队负责人	
	FNS60217 会计高级文凭	此级别的毕业生将具有专业知识/高技能工作和/或进阶学习的广泛知识和技能	
		• 客户经理	
		• 业务分析师	
		• 办公室主管	
		• 薪资经理	

想要取得高水平的资格证书就要先取得低水平证书。但是这种由低到高的水平提升不仅仅体现为证书的水平提升，它实际上是通过规范不同水平的资格证书要求取得的不同等级及数量的能力单元来实现的，是一种实实在在的能力提升。这种资格证书水平的提升与能力单元紧密地联系在一起，它们之间的关系如图 2-34 所示。

总而言之，取得不同等级的资格证书需要获得不同等级、不同数量的能力单元（可选能力单元和核心能力单元），这些能力单元可能也处于不同等级，比如取得 4 级证书可能需要 3 级能力单元和 4 级能力单元；而某些能力单元可能还需要前导性的较低层级的能力单元①。

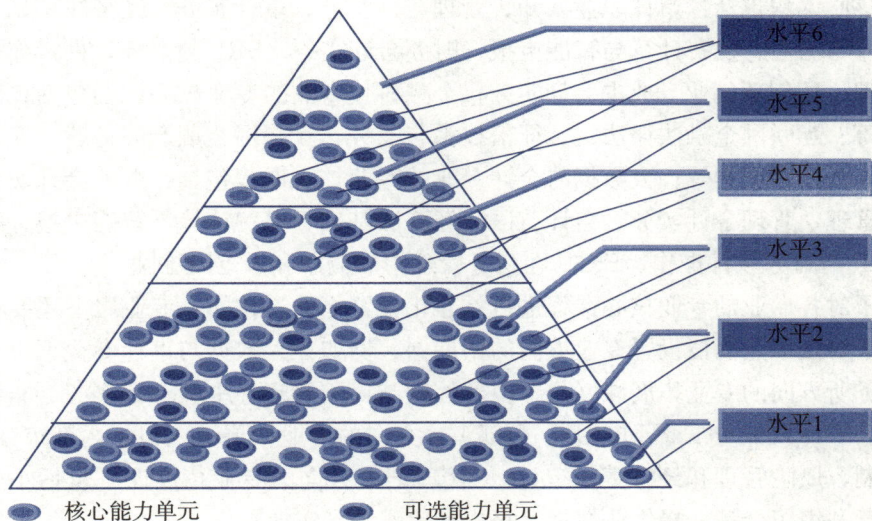

图 2 - 34　不同等级的能力单元与资格证书的关系

2.3.4　TAFE 培训包能力单元框架对专业群差异化课程设置的启示

2.3.4.1　设置"宽基础"的专业群公共基础课

从 TAFE 培训包中的能力单元设置来看,专业群的课程体系中应该有一个群的共享基础课程,该专业群的公共基础课应该包含各专业方向都需要掌握的技能和知识,正如 TAFE 培训包的能力单元中都有一个关于本单元的基础技能要求。在设置"宽基础"的专业群公共基础课时,可以考虑将一些公共的基础技能设为专业群公共基础课,例如时间价值计算技能、基本统计分析技能、大数据及信息基础、管理学基础、经济学基础、会计学基础等。有鉴于此,数字财金专业群可设置以下课程:会计学基础、财金 Python 技术、金融学基础、大数据财务分析、经济学基础、统计学基础、管理学基础、智慧理财、智能财税初级应用和财金大数据可视化等。

2.3.4.2　设置"多方向"的专业课程体系

专业群之所以可以成为"群",是因为立足于共同的基础知识和技能,但是更为重要的是各个专业方向所需的不同知识和技能也要在这个课程体系框架内得以体现,它们应该构成某个专业的核心课程,例如会计专业的会计核算实务课程、金融专业的银行业务课程、保险专业的保险产品营销课程、税务专业的报税实务课程等。数字财

---

① 吴景阳. 以 FNS$_R$1.1 为例解读澳大利亚 TAFE 培训包. 商业故事,2015(8):59 - 62.

金专业群的"多方向"体现在各专业的专业核心课程设置上，例如大数据与审计专业的专业核心课程包括：审计职业认知、管理会计实务、审计实务、经济法基础、审计文书写作与沟通、税费计算与智能申报、财务会计实务、ERP 与财务软件操作、数字财务管理、V 创新创业、成本会计实务；金融科技专业的专业核心课程包括：网络借贷与众筹、互联网金融法律法规、征信技术与实务、互联网金融产品运营、互联网金融营销、互联网证券等；大数据与会计专业的专业核心课程包括：财务会计实务、数字财务管理、管理会计实务、会计英语、经济法基础、税费计算与智能申报、纳税筹划、ERP 与财务软件操作、Excel 在财务管理中的应用和 V 创新创业。

除了对各专业的专业核心课程进行差异化设置之外，在同一专业之下还要根据不同的未来对接职业岗位设置专业方向的拓展课，例如在大数据与审计专业下再设置会计师事务所方向的专业拓展课（包括内部控制与风险管理、中级会计实务、非营利组织会计和审计软件与 Excel 应用）、内部审计方向的专业拓展课（包括内部审计基础、内部控制、风险管理和经济责任审计）、代理记账方向的专业拓展课（包括小企业会计、非营利组织会计、提供业绩信息报告和代账平台实训）。

2.3.4.3 设置"多层次"的专业课程体系

在专业群课程设置的过程中，既要考虑公共基础课程也要考虑专业方向课程，同样的一项知识和技能，对不同专业方向的学生的要求层次是不一样的。例如作为一个财金专业群的毕业生，或多或少地应该要了解会计原理或者财务报表原理，不同专业方向的毕业生对这个方面的知识和技能的掌握程度会有层次差异，保险专业的毕业生会看财务报表即可，而会计专业的毕业生应该会编制和分析财务报表。再如大数据与会计专业和大数据与审计专业都有涉及税收的课程，大数据与会计的涉税课程包括税费计算与智能申报课程以及纳税筹划课程，而大数据与审计专业的涉税课程仅包括税费计算与智能申报课程；并且大数据与会计专业下的智能财税方向又将相关的涉税课程深化为税务会计实务、大数据税务风控、数字经济与税收前沿和智能财税综合实训课程。同时，上述两个专业都会涉及审计课程，大数据与会计专业的审计课程在大数据与审计专业的课程体系中就被深化为审计职业认知、审计文书写作与沟通、审计软件和 Excel 应用等课程。这就体现出"多层次"的课程体系特点。

2.3.4.4 设置"多通道"的专业课程体系

所谓"多通道"，是指某个专业方向的毕业生，在未来实践工作中如果要想迁移到其他专业和方向，在该课程体系中能够有针对性地学习掌握某些知识和技能模块，这样就能够高效快速地获得相应的职业岗位的知识和技能，不用重复学习某些公共的基础知识和技能，以提升其未来职业适应力。同时"多通道"还体现在对于不同来源的学生设置不同的课程体系，例如对于具有一定基础的中高职衔接的大数据与会计专业（3＋2）学生，其人才培养方案就与正常的大数据与会计专业的人才培养方案有所不同，主要体现在大数据与会计专业（3＋2）的专业核心课程包括税费计算与智能申报、数字财务管理、成本核算与管理及大数据财务分析等。

2.4 数字经济发展背景下岗位群所需知识与技能融入课程体系

⭐ 2.4.1 数字财金专业群建设的意义

教育部、财政部《关于实施国家示范性高等职业院校建设计划加快高等职业教育改革与发展的意见》（教高〔2006〕14号）首次提出了专业群的建设任务："重点建成500个左右产业覆盖广、办学条件好、产学结合紧密、人才培养质量高的特色专业群""合作开发一批体现工学结合特色的课程体系，形成500个以重点建设专业为龙头、相关专业为支撑的重点建设专业群，提高示范院校对经济社会发展的服务能力"。可见，专业群的建设是高等职业教育改革与发展的重要举措，旨在提升人才培养质量以及职业院校的社会服务能力。

随着大数据、云计算、区块链、人工智能等信息技术的发展，数字经济成为经济发展新引擎。2020年起新冠肺炎疫情在全球蔓延，进一步刺激了"无接触"数字经济的发展。2020年，党的十九届五中全会审议通过《中共中央关于制定国民经济和社会发展第十四个五年规划和二〇三五年远景目标的建议》，全面布局数字经济，明确提出"推进数字产业化和产业数字化，推动数字经济和实体经济深度融合，打造具有国际竞争力的数字产业集群"的发展战略。根据中国信息通信研究院发布的《中国数字经济发展白皮书（2022年）》，2012年以来我国数字经济年均增速高达15.9%，显著高于同期GDP平均增速。在宽带中国、5G及工业互联网推动下，2021年，数字经济规模达到45.5万亿元，同比名义增长16.2%。产业数字化成为数字经济发展的主引擎。

随着数字经济的快速发展，培养数字财金人才的需求越来越紧迫，行业急需具备数字技术操作技能，掌握财会、金融专业知识的复合型高技能人才，这为数字财金专业群的建设提供了广阔的发展空间。

2.4.1.1 专业面向一致，组群助推数字财金人才培养

数字化经济快速发展，急需大量熟悉数字化操作、兼具财会金融技能的人才来填补人力资源空缺。数字财金专业群整合数字技术、财会、金融等多个专业方向，统一面向数字经济服务，有助于优化职业院校现有人才培养专业结构，有效整合现有专业资源，提升人才培养品质，增强专业设置与经济发展的匹配性。

2.4.1.2 财金业态融合，组群助推人才培养质量提升

财金领域应用云共享、智能化、大数据、区块链等技术帮助企业构建高效集约的智能化财税金融体系，能够增加企业运营透明度，为金融行业向企业授信、融资、贷后监控提供数据支撑，在产业中逐渐形成财务公司、产业金融等"业金财"融合的业态，为数字财金专业群建设提供坚实的产业基础。

2.4.1.3 岗位群所需基础知识和职业技能相同，组群助推人才职业发展

企业运作以会计"信息流"为基础，串联企业"资金运作、审计估值、投融资"等业务，数字财金专业群培养人才的岗位体系为"财税信息记录—财税信息分析决策—财税信息审核—报账报表报税—金融需求分析—金融整体服务"等，形成报账报税、审计财务、理财规划、金融产品营销四大岗位群，而这四大岗位群所需的基础知识和基本职业技能相同，是本专业群融合建设的内在要求。财金产业链—岗位群—专业群组群逻辑，如图 2 - 35 所示。

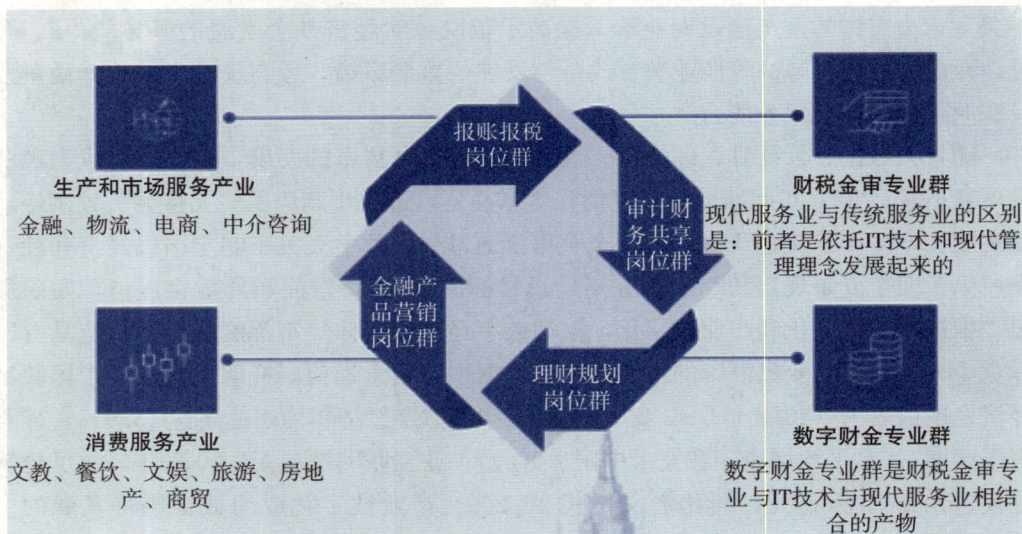

图 2 - 35 财金产业链—岗位群—专业群组群逻辑

综上，数字经济业态融合发展、财金岗位知识相通、岗位基本技能相同，为构建数字财金专业群奠定了基础。数字财金专业群整合数字技术、财会、金融三大专业方向，对标"智慧财税、普惠金融、数字经济"，建设产教融合、校企协同育人、高度契合数字经济发展人才需求的专业群。通过"以群建院"，促进优秀师资的整合、课程体系的整合、教学和实训资源的整合，不仅可为学生提供更优质的专业教育和技能训练，也可为教师提供更广阔的发展空间。

⭐ 2.4.2 专业群课程体系设计的原则

专业群课程体系不应是原来各专业课程体系的简单叠加，而应从专业群面向的岗位群的人才需求出发，确定专业群的人才培养目标，以此为基础，系统梳理原来各专业课程之间的联系和区别，保留并改进与专业群人才培养目标相符的课程，删除与专业群人才培养目标不相符的课程，新设专业群人才培养急需的课程，从而建立一个系统的、完整的专业群课程体系。具体而言，专业群课程体系的设计应遵循以下原则。

2.4.2.1 课程目标契合岗位群人才需求

专业群的课程目标必须回答"为谁培养人才""培养什么样的人才"这两个问题。在确定专业群的课程目标之前，首先需要做好行业调研，深入了解企业对人才的需求和期望，详细了解专业群对应岗位群的人才知识需求、技能需求以及基本素养需求。在行业调研的基础上，初步确定专业群的课程目标。课程目标应在本专业群内进行充分讨论，吸收群内各专业以往人才培养的经验和教训，达成共识后，还应充分征求企业专家的意见，最终确定紧密契合岗位群人才需求的课程目标。

2.4.2.2 以学生发展为中心组织课程

以学生发展为中心组织课程，意味着课程应能训练学生将知识、能力和素质迁移到社会职业中，形成正确的价值观和职业道德，不仅教学生"做事"（to do），更要教学生"做人"（to be）。

以学生发展为中心组织课程，意味着将人的发展需要作为专业群课程的出发点和归宿，其目的是促进学生个性的完善、和谐发展，并在课程组织、课程设计上贯彻这一思想：课程不仅要培养智力，更要着眼于人的整体发展，涵盖情商、逆商、财商、体格等各个方面。

以学生发展为中心组织课程，可将课程分为三大类：第一类，正规学术课程；第二类，参与集体和人际关系课程；第三类，自我觉醒与自我发展课程。三类课程有机组织在一起，旨在将人的知识增长、智力发展与个性培养结合起来，达到和谐统一。

2.4.2.3 以育人成果为导向设计课程（OBE 课程设计）

基于成果教育（Outcome Based Education，OBE）是一种目标导向教育，其目标是学生学习成果（Student Learning Outcomes，SLOs）。学生学习成果是对学生特定学习期望的描述，包括：知识与理解力、能力和实际技能、态度与价值观、自信心、毅力、领导力、社会责任感等。OBE 是围绕着 SLOs 组织和开展教育的模式，将学生的表现作为学习效果的评价依据，注重学生完成课程后学到了什么、知道了什么、理解了什么、能运用所学做些什么。

传统的课程培养目标是从教育者的视角来确定课程方向，注重教育者的意图和教学要求，对学生的要求相对宽泛、宏观；OBE 则是从学生的视角进行课程设计，强调学生的获得感，对学生的要求相对细化、具体，更具操作性。

OBE 课程设计模型，如图 2-36 所示，始于"学生学习需求"，终于"确认学生学习成果 SLOs"，从起点到终点的过程中，包括了课程设计时需要考虑的五大因素：预期学生学习成果 SLOs、学习活动、反馈、评价、基本概念。五大因素环环相扣、彼此关联且互相影响，构成了模型的核心部分。模型的整个循环回路与"学生学习需求"有关，要成功实现 SLOs，每一个要素都需要与其他要素以连贯的方式连接在一起。要进行 OBE 课程设计，需要明确描述理想的 SLOs 是什么，设计的课程内容、学习活动、学习评价要与预期的 SLOs 相一致，并收集证据来判断预期的 SLOs 是否正在实现。

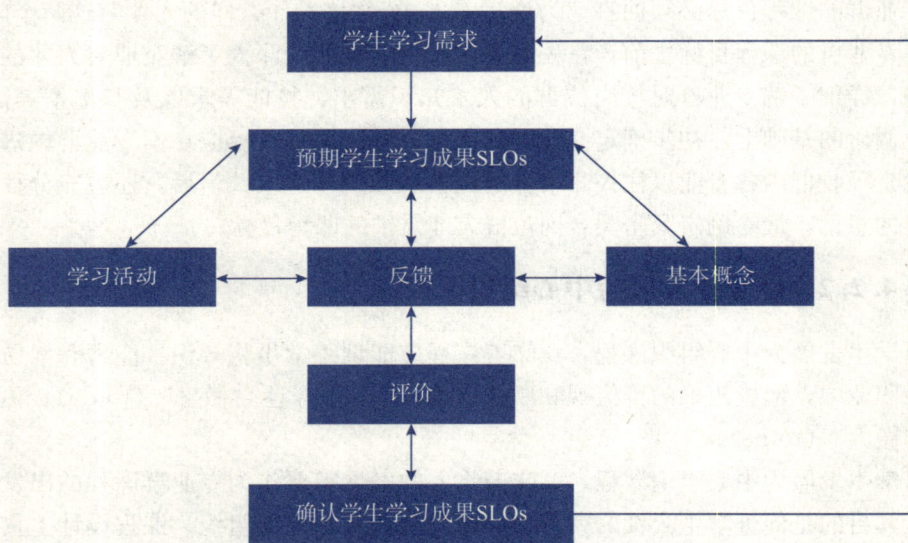

图 2-36 OBE 课程设计模型

2.4.3 数字财金专业群课程体系设计思路

基于上述课程体系设计原则，数字财金专业群课程体系可按以下思路进行设计。

2.4.3.1 明确数字财金专业群的人才培养目标

随着数字经济的发展，各类企业急需专业的数字化财会税金审服务，尤其是中小企业，对高职层次的数字化财金人才的需求很大，因此，基于广泛的企业调研，数字财金专业群的人才培养目标确定为面向企事业单位、会计师事务所、审计事务所、银行、证券公司、财务公司、基金公司、保险公司，培养适应数字化经济发展趋势，掌握云财务和金融科技等数字化新技能的财金综合人才，具体涵盖以下三类岗位群：

　　一是会计核算工作岗位群，包括会计员、出纳员、云财务会计岗、会计师事务所专员；

　　二是财金顾问岗位群，包括银行系统理财顾问、保险系统理财顾问、证券公司理财顾问及理财规划师；

　　三是金融科技新兴岗位群，包括智能会计、财务共享、IT审计、财务大数据分析、纳税筹划、金融产品营销、金融智能系统服务管理、供应链金融专员、大数据征信评估、大数据风控专员。

2.4.3.2　确定人才素养要求及学生学习成果

　　通过行业调研以及咨询行业专家可知，数字财金专业群对应的三类岗位群，其人才素养要求主要包括以下三个方面。

　　1. 专业知识要求

　　(1) 经济学基础知识；

　　(2) 会计学基础知识；

　　(3) 金融学基础知识；

　　(4) 投资理财基础知识；

　　(5) 数字科技基础知识。

　　2. 专业技能要求

　　(1) 大数据分析能力；

　　(2) 财税软件操作能力；

　　(3) 理财规划能力；

　　(4) 金融科技运营能力。

　　3. 综合素质要求

　　(1) 诚信正直；

　　(2) 守法合规；

　　(3) 创新创业素养；

　　(4) 承受压力素养（逆商）；

　　(5) 团队合作精神；

　　(6) 工匠精神。

　　结合上述人才素养要求，数字财金专业群学生学习成果SLOs应包括以下四个方面：

　　(1) 知识与理解力方面：理解经济学、会计学、金融学、投资理财、数字科技领域方面的主要概念、基本原理以及最新发展趋势。

　　(2) 能力和实际技能方面：熟练操作财税软件；能够对财务报表进行分析并能提出管理建议；能够为客户制定适合的理财方案；能够利用先进科技对大数据进行处理和分析；能够利用金融科技开展金融产品营销；能够利用金融科技开展金融产品运营及客户服务。

　　(3) 态度与价值观方面：正直诚信、守法合规、不怕挫折、团队合作、追求卓越。

（4）个性发展方面：敢于创新创业，自信，坚毅，具有领导力和社会责任感。

2.4.3.3 设计数字财金专业群课程体系

基于数字财金专业群的人才培养目标，围绕专业群人才素养要求和学生学习成果SLOs，数字财金专业群的课程体系可按照"课程模块＋实践平台"的方式多样化组合，因材施教，向学生提供不同的课程套餐，其框架如图 2-37 所示。

1. 课程模块

课程分为四大模块：通识课程池、群共享专业课程池、各方向专业课程池、个性发展课程池。

（1）通识课程池。

通识课程池是各专业普遍需要的基础课程以及教委要求的必备课程，包括：政治（形势与政策）、传统文化、体育、军事理论与训练、心理健康、计算机应用、财金应用文写作、论文写作、高等数学、英语等。

（2）群共享专业课程池。

群共享专业课程池是专业群共同需要的基础专业课程，包括：经济学、管理学、金融学、会计学、财报分析、智能财税、智能理财、金融科技、大数据分析等。

（3）各方向专业课程池。

各方向专业课程池包含了群内不同专业方向所对应的必修专业课程。比如：数字技术方向开设的云计算、区块链等课程；财会方向开设的财务机器人、智能财税等课程；金融方向开设的互联网金融产品运营、智慧银行等课程。

（4）个性发展课程池。

个性发展课程池专注于学生的个性发展，包括：创新创业素养训练、财金礼仪与职业素养、逆商塑造营、职业规划等课程。

2. 实践平台

实践平台由基础技能平台、专业技能平台和个性发展平台三部分构成，具体如下：

（1）基础技能平台。

基础技能平台与通识课程池以及群共享专业课程池相对应，用于培养学生的基本人文素养以及基本财金素养。

（2）专业技能平台。

专业技能平台与各方向专业课程池相对应，用于训练学生在会计、税务、审计、金融、财金数据分析处理、人工智能及区块链应用等专业领域方面的技能。

（3）个性发展平台。

个性发展平台与个性发展课程池相对应，用于培养学生在创新创业、职业发展、人际沟通、App 开发及运营等方面的技能。

通识课程池
各专业普遍需要的基础课程以及教委要求的必备课程，包括：政治、传统文化、体育、军事理论训练、心理健康、计算机应用、财金应用文写作、论文写作、高等数学、英语等

群共享专业课程池
专业群共同需要的基础专业课程，包括：经济学、管理学、金融学、会计学、财报分析、智能财税、智能财务、智能理财

各方向专业课程池

数字技术
云计算
区块链
人工智能
......

财会
财务机器人
云财务会计核算
云财务运营管理
智能财税
......

金融
互联网金融金融产品运营
智能理财
银行产品
智慧银行
......

个性发展课程池
个性发展课程池专注于学生的个性发展，包括：创新创业素养训练、财金礼仪与职业素养、逆商塑造营、职业规划等课程

基础技能平台
基础技能平台与通识课程池以及群共享专业课程池相对应，用于培养学生的基本人文素养以及基本财金素养

专业技能平台
专业技能平台与各方向专业课程池相对应，用于训练学生在会计、税务、审计、金融、财金数据分析处理、人工智能及区块链应用等专业领域方面的技能

个性发展平台
个性发展平台与个性发展课程池相对应，用于培养学生在创新创业、职业发展、人际沟通、App开发及运营等方面的技能

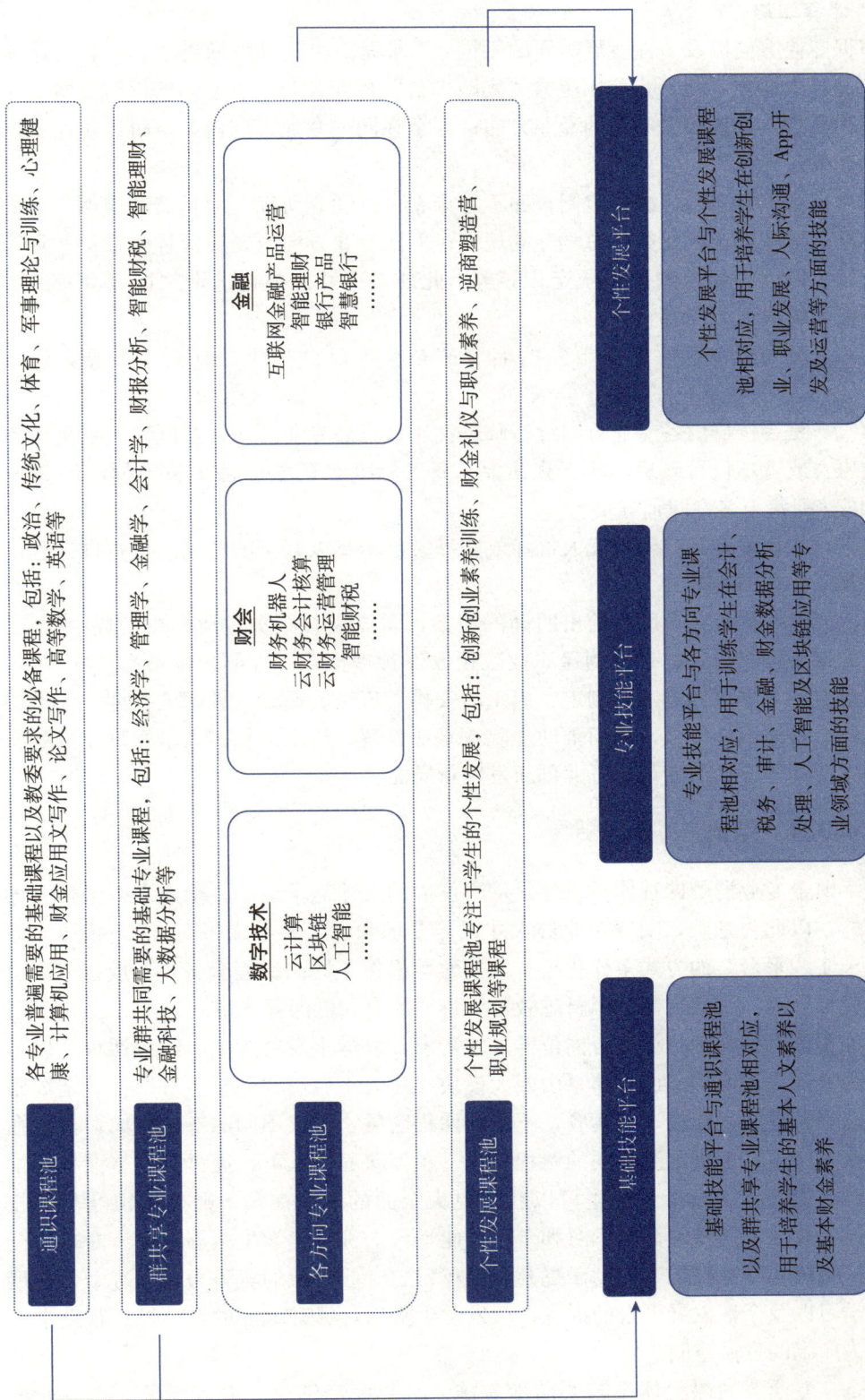

图 2-37 数字财金专业群课程体系的框架

3. 课程组织

根据专业方向以及个性发展需要的不同，"课程模块"可以像搭积木一样，由学生自主进行个性化定制，并与相应的"实践平台"相配合，形成不同的课程套餐。不同的课程套餐，就形成了不同的专业方向；甚至在同一专业方向内，也可以定制不同的课程套餐。

学生自主进行个性化课程定制，并不意味着可以随心所欲，而是需要遵循一定的专业标准和学术要求，比如：总学分的规定；不同专业方向内每类课程的最低和最高可选数目；课程间组合的逻辑规定；等等。此外，这种群内自选定制课程套餐的方式，还需要解决以下问题：

第一，是否可以以"专业群"的名义来招生？以群招生，有利于扩招，还是相反？

第二，是否按群内各专业方向设行政班？还是打破专业方向，按既定人数随机组成行政班？或者不设行政班，实行走班制，每5～10名同学配备1位导师，每80～100名同学配备1名专职辅导员？

第三，如果出现某门课程无人选择或选择人数不足以开班的情况，负责该课程的老师，其工作如何安排？

以上问题，很难在现阶段给出明确的答案，需要摸着石头过河，在实践中探索。专业群的课程组织模式，必将倒逼职业院校改变管理模式：以群建院不是一句口号，而是要落实到人才培养方案的制定、招生的安排、班级的设定、教师的排课、学生的管理等各个具体工作环节，从而推动学院在专业设置、组织架构、人事管理、资源整合、学生管理等方面的变革，开辟创新发展新局面。

2.4.3.4 结语

数字财金专业群的课程体系设计是从岗位群的人才需求出发，确定专业群的人才培养目标，以此为基础，围绕专业群人才素养要求和学生学习成果SLOs，按照"课程模块＋实践平台"的方式多样化组合，向学生提供不同的课程套餐，形成以"岗位驱动、成果导向、灵活定制、因材施教"为特征的专业群课程体系。

该课程体系的课程目标契合岗位群人才需求，以学生发展为中心组织课程，以育人成果为导向设计课程。课程体系由四大模块＋三大平台组成，学生可以在既定规则引导下选择自身感兴趣的课程套餐，不同的课程套餐，形成不同的专业方向，甚至在同一专业方向内，也可定制不同的课程套餐。在该课程体系下，通过群共享课程的学习和基础技能平台的训练，学生可以获得更为全面的专业视角、财金通识及基础技能；通过各专业方向专业课的学习和专业技能平台的训练，学生能够术业有专攻，至少掌握一项核心专业技能，有助于提升学生在特定专业领域的竞争力；通过个性发展课程的学习以及个性发展平台的训练，激发学生潜力，提升就业的灵活性，帮助学生开拓更为广阔的发展空间。

但是，专业群的课程体系若要落地实施，必须配套解决一系列问题，在专业设置、组织架构、人才培养模式、班级设定、教师排课、学生管理等各个方面展开大刀阔斧的变革，通过"以群建院"，迎来创新发展的新局面。

2.5 产教融合下数字财金专业群课程体系构建多维度目标研究

党的十九大报告提出要"完善职业教育和培训体系，深化产教融合、校企合作"，产教融合已成为教育事业的一项重要部署。国家先后制定了《国家产教融合建设试点实施方案》和《关于深化产教融合的若干意见》，以引导政府、企业、行业和学校深化产教融合。"政府推动、行业指导、校企双主体、社会参与"的多元办学体制等类型的产教融合改革已在各职业院校如火如荼地展开，基于产教融合的数字财金人才如何培养、课程体系如何构建便成为当下亟待探索和解决的问题。

⭐ 2.5.1 基于产教融合的课程体系构建研究现状

我国职业教育虽然起步晚、时间短、基础弱，但关于产教融合的理论研究已有很大的进展。孙杰等（2018）认为，推进产教深度融合、深化校企合作是发展我国职业技术教育的重要战略选择。刘小花等（2019）运用 NVivo12 质性软件分析了 22 个省（自治区、直辖市）产教融合政策的创新关注点，并基于政府、企业、学校、社会组织"四位一体"的体系框架，对地方政府深化产教融合政策内容的创新进行了系统分析。马昕（2018）从产教融合、行业协同的角度，探索研究了财会专业课程开发改革的思路和实践切入点。居水荣等（2019）以微电子技术专业为例，研究了产教融合背景下分段培养课程体系的构建与实施。陆晓燕（2019）以集成电路专业为例，基于产教融合提出了"三个对接、三个步骤、四个注重"的专业模块化课程体系构建策略，探索了"四能四岗模块化"课程体系的构建。万艳（2019）研究了基于产教融合视域下创新型人才培养方案的构建，提出建立以"就业为导向，对接岗位，课岗一体、课证融通、培养综合职业能力"等为目标的课程体系。张奕奕（2020）通过对产教融合的智慧财经人才培养现状进行分析，提出可构建"德技兼修、育训并举"的智慧财经人才培养课程体系。

随着大数据、云计算、区块链、人工智能等新信息技术的发展，数字经济成为经济发展新引擎。数字产业化、产业数字化倒逼职业院校会计专业群教育，也倒逼财金教育通过颠覆性改革创新适应、服务、支撑数字经济的发展，培养数字化财金人才。因而研究产教融合的数字财金人才培养就成为重要的课题。人才培养的一个重要途径就是课程体系的构建，而课程体系构建的首要任务就是制定课程目标。

⭐ 2.5.2　基于产教融合的数字财金专业群课程体系

2.5.2.1　产教融合的内涵

关于产教融合的说法，最早见于 1996 年的《中华人民共和国职业教育法》，其第二十三条要求职业教育实行产教结合，与企业密切联系，培养实用人才。后在《国家中长期教育改革和发展规划纲要（2010—2020 年)》、十八届三中全会通过的《中共中央关于全面深化改革若干重大问题的决定》等政策文件中都有提及。但是产教融合的具体含义官方并没有给出明确说法。查阅相关文献可以看到，学者们对产教融合的内涵做出了不同的阐释，比如杨善江（2014）认为产教融合是产业系统与教育系统相互融合而形成的有机整体；祝成林等（2015）认为产教融合是指产业和职业教育融为一体，职业院校和行业企业共同承担技术技能人才培养的责任，发挥育人双主体作用。

2.5.2.2　产教融合的运行模式

1. 德国"双元制"模式

该模式的特点是学校和企业分工协作，以企业为主，学生在职业学校学习文化基础知识和专业理论知识，同时接受企业职业技能培训，企业技能培训时间大约是学校理论教学时间的 3～4 倍。

2. 英国"工读交替"模式

以 4 年制课程为例，学生前两年在学校学习理论知识，第三年在企业以"职业人"身份参加顶岗工作并获得报酬，第四年返回学校学习以获得更高的专业资格。

3. 美国"合作教育"模式

学校与企业合作，明确培养目标，学生一半时间在学校学习，一半时间在企业参加劳动实践，企业根据双方签订的合同提供劳动岗位，安排管理人员协助学校教师指导学生掌握职业技能。

4. 澳大利亚 TAFE 模式

行业企业全程参与学校的办学过程，以职业教育和培训为主，充分体现"能力本位"的职业教育模式。

2.5.2.3　基于产教融合的数字财金专业群课程体系

北京经济管理职业学院数字财金专业群课程体系在构建过程中，学习德国"双元制"模式、澳大利亚 TAFE 模式等西方先进的产教融合方式，注重校企合作、工学结合，将用友新道、中联集团、光大银行、银河证券等企业引进校园，联合企业共同制定专业群业人才培养方案，形成了以专业群基础课为基层共享、专业群核心课进行中层分流、拓展课作为高层互选的相互递进、层次分明的课程体系。在课程体系中，将岗位训练、技能大赛、职业证书等融入相关课程内容，形成了课程模块与实践平台相结合的多样化组合方式。具体如图 2-38 和表 2-7 所示。关于课程体系的具体内容前面已有论述，这里不再解释，现就产教深度融合的实践教学体系予以说明。

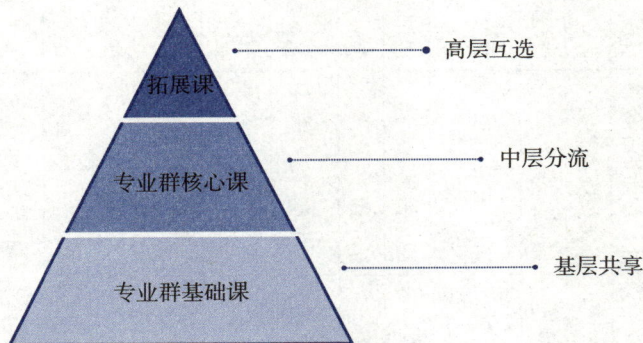

图 2-38　专业群课程体系三层次

1. **建设中联数字财金工程师学院，搭建"三层立体化三维融合"产教基地**

和中联集团通力合作，通过建设数字财金工程师学院，搭建"三层立体化三维融合"产教基地，如图 2-39 所示。具体来说，通过建立教学实训中心，让学生在第 2、3 学期进行理实一体化课程学习，成为学工；通过建立生产实践中心，让学生在第 4、5 学期进行企业的真实业务实践，成为学徒；通过建立产业与社会服务中心，让学生在第 6 学期经过技能认证考试与筛选，真正为学校所在区域的企业，尤其是中小微型企业进行财经服务，成为项目经理。通过教学实训、生产实践、社会服务"三层立体化三维融合"产教基地的建立，形成业务闭环、人员闭环、数据闭环。

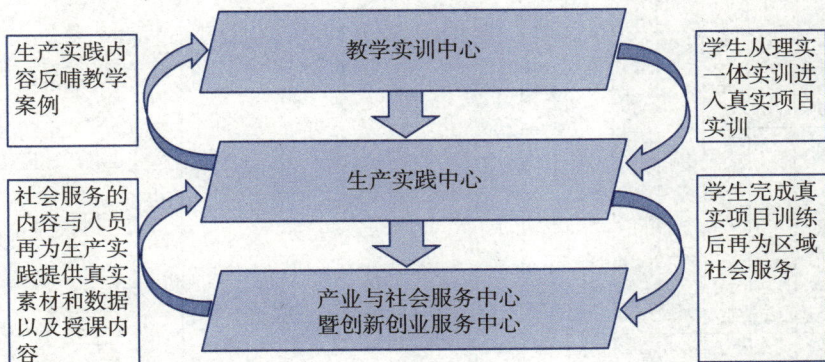

图 2-39　"三层立体化三维融合"产教基地

2. **成立用友数字化产业学院，搭建云财务综合实训中心**

在"大智移云"背景下，财务会计要向管理会计转变。数字财金学院和新道科技股份有限公司合作成立数字化产业学院，将传统的以账务处理为主的核算实训中心转变为适应云技术背景的云财务综合实训中心，在基础核算基础上增加了智能财税、财务共享、财务机器人应用、管理会计实训等核心功能，以培养学生财务管控的思维及商业敏感性，进而培养学生利用数据分析对企业进行经营、管理、决策的能力。

表2-7 数字财金专业群专业课程体系

	大数据与会计方向	云财务会计师方向	智能财税方向	智能审计方向	财富管理方向	金融科技方向	综合实训
专业群拓展课程（高层互选）	成本核算与管理	业财一体信息化应用	税务会计核算实务	审计工作底稿编制基础	基金投资实务	区块链金融	企业项岗实习
	会计前沿专题	智能财务	企业税务管理实务	审计文书写作与沟通	保险实务	互联网银行	V创新创业
	合并报表编制	成本核算与管理	财税前沿专题	审计软件操作	理财业务实训	外汇与期货投资	管理会计综合实训
				内部控制基础	小微金融	金融投资技能实务	智能财税综合实训
							智能审计综合实训
							现代金融综合实训
专业群核心课程（中层分流）	大数据与会计		财税大数据应用	大数据与审计	金融服务与管理	互联网金融	单项实训
					金融服务礼仪	网络借贷与众筹	出纳实训
					金融服务营销	征信技术与实务	财务共享中心实训
					银行会计实务	互联网金融营销	ERP与财务软件操作
					银行综合柜台业务	互联网金融法律法规	财金大数据分析实训
					银行授信业务	互联网金融产品运营	智能审计函证实训
					证券投资分析		证券投资实训
	财务会计与财政税务类				金融类		职业认知
	财务会计实务、数字财务管理、管理会计实务、税务筹划、报税实务、会计英语、经济法律基础、大学英语、Excel在财务管理中的应用						智能财税、智能审计认知
							中华审计认知
							现代金融企业认知
专业群基础课程（基层共享）	会计学基础、金融学基础、经济学基础、管理学基础、智能财经基础、财金Python技术、财务报表编制与分析、金融科技、智慧理财、财金大数据可视化、心理健康教育、职业发展与就业指导、创新创业教育、军事理论、体育、中华优秀传统文化、劳动教育、大学英语、经济数学、毛泽东思想和中国特色社会主义理论体系概论、思想道德与法治、形势与政策、党史国史						

3. 强化校银合作，构建大金融实践教学平台

专业群以现有光大银行实训基地为基础，进一步深化与光大银行的深度合作，并争取与北京望京 CBD 地区其他金融机构如资产管理公司、互联网金融公司、证券公司等建立合作关系，建设大金融实践教学平台。大金融实践教学平台包括各类互联网金融产品运营实训系统、银行实务模拟实训系统、股票软件操作实训系统等，学生能够通过实践平台掌握互联网金融产品运营、信用证、银行保函、票汇、炒股等多种金融专业技能。

2.5.3 产教融合下数字财金专业群课程体系的多维度目标

课程体系目标就是人才培养的目标，就是教育的目标。目标是航海中的指明灯，是人才培养的方向，课程体系只有把目标设定得科学合理才能把人才培养好、教育好。在产教融合、校企深度合作的背景下，数字财金专业群课程体系的目标设定始终以习近平新时代中国特色社会主义思想为指导，深入贯彻党的十九大精神，按照全国教育大会部署，落实立德树人根本任务，坚持培养复合型技术技能人才。数字财金专业群课程体系具体目标如下。

2.5.3.1 体现北京经济发展的战略方向和人才需求

专业群契合北京建设国家服务业扩大开放综合示范区，设立以科技创新、服务业开放、数字经济为主要特征的自由贸易试验区的城市战略规划，结合学校所处的区位——国际商务服务片区朝阳组团，旨在培养对接国际专业化财金服务、专业从事综合保税区服务贸易类企业的财税和金融服务类人才。

2.5.3.2 体现新经济、新技术、新业态、新职业

和传统财会、金融课程体系相比，专业群课程体系增加了财金 Python 技术、财金大数据可视化、金融科技和智慧理财四门课程，旨在让财金专业群学生在数字经济背景下掌握一定的大数据应用、分析等信息处理技能，体现了新经济、新技术。

专业群的拓展课，也就是职业方向课，其设置凸显岗位需求与职业性，学生根据自身意愿在专业群各专业中选择切合其职业规划与兴趣的课程。数字财金专业群根据新经济、新业态下出现的财务共享专员、互联网产品总监、大数据分析总监等新岗位，设置了五个方向的专业群拓展课，和传统会计相比增加了云财务会计师方向，会计更改为大数据与会计，税务更改为智能财税，审计更改为智能审计，金融管理更改为财富管理，互联网金融更改为金融科技，每一个专业方向均根据新目录要求设置特色课程，体现了新业态、新职业。

2.5.3.3 体现德、智、体、美、劳全面发展

在"德"育方面，设置了思想道德与法治、毛泽东思想和中国特色社会主义理论体系概论、党史国史等思想政治课程，使思想政治教育贯穿教育教学全过程；在"智"育方面，专业群课程着力培养学生的核心技能和能力，课程中融入大数据、云计算、区块链等技术，并将"1+X"证书、初级会计职称、证券从业资格证书等直接体现在课程中，培养了学生扎实的理论基础；在"体"育方面，注重学生的身体健康和心理健康，通过学校的幸福学园建设，让学生切实感受到受教育的幸福；在"美"育方面，课程体系中增设中国优秀传统文化、美育教育等课程，在公共选修课中学生可以选择电影赏析、中国旅游文化等课程，让学生切实体会到艺术之美、国家山水文化之美；最后，数字财金专业群课程体系中特别强调了"劳"育，通过劳动教育及各类岗位实训课程，培养学生的动手能力，让学生从教育中理解幸福是创造出来的。

2.5.3.4 培养创新型、复合型、技术技能型人才

专业群课程体系融入创新创业教育，在 V 创新创业课程中开展创业实训，让学生通过参加互联网创新创业大赛进行创业实战，旨在培养学生的创新创业意识和能力。

课程体系中的实训模块是专业群的核心特色课程。实训模块从职业认知到单项实训再到综合实训的三层次递进的方式，有助于培养学生的动手能力和技术技能。职业认知模块能够让学生对金融科技、智能财税、智能审计等新科技和新专业形成初步的认知；单项实训模块中增设财金大数据分析实训、云财务共享中心实训等实训课程，让学生掌握财务共享、大数据应用等新科技；综合实训模块中的智能财税综合实训、大金融综合实训等实训课程则是为了在新技术环境下培养学生综合财税、金融的业务处理能力，最终培养出既懂会计、懂金融又懂科技的复合型人才。

2.5.3.5 打造"专兼结合、科教融合"的双师型教师团队

科教融合是财金专业群双师型教学团队建设的突破口，也是产教融合的催化剂。产教融合背景下建设的课程体系，倒逼"双师型"教师团队的培养。教师要想能够胜任专业群中新课程的教学，势必需要掌握新技术、新能力。专任教师一方面可在寒暑假期间进入企业，作为企业员工学习先进的岗位技能；另一方面可针对企业内部控制缺陷、审计风险、税务筹划、投资研究等方面进行专项课题合作研究，利用教师专业特长为中小企业提供技术支持，并将课题研究成果应用于课堂教学。

2.5.3.6 结语

产教融合背景下创建的课程体系能够给予学生充足的实践操作的空间和时间，让学生在真实的实践场景中进一步巩固课堂上所学的理论知识，为发掘学生潜力创造良好的条件。尤其是和企业合作的工程师学院或者产业学院，让学生实现了毕业即就业，大大提高了学生的培养质量。但是确保产教融合一体化事业长期稳定运行还需要

引入科学合理的教学评价机制，合理的评价机制不仅可以及时反映学生的学习效果，还可以促进学生个体之间的学习交流和经验分享，也能客观全面立体化地评价教师的教学方法，有利于教师优化、调整教学方案设计。

总之，产教融合的校企合作模式不仅实现了高效人才创新培养模式探索实践，也为行业发展提供了动力，实为双赢。

2.6 新时代特色的数字财金专业群知识和技能评价体系

当前，我国处于经济快速、全面发展的新时代，社会各个行业、专业及领域对于从业人员专业技能的要求也更全面，既要精通本专业，也要全面了解社会需求。因此，社会对于综合型复合人才的需求更加迫切。在此背景下，数字财金专业群的建设也更符合时代要求。

数字财金专业群是涵盖会计、税务、审计、互联网金融、金融管理等五个专业的专业群，按照"基层共享、中层分流、高层互选"的建群原则，建设"数字化、智能化、通选化、技能化、创新化、国际化"的高水平特色专业群，为企业、为社会培养"精财税、通金融、会营销、善沟通"的高素质财金综合技术技能人才。

⭐ 2.6.1 职业院校专业群建设发展历程

2019 年初，我国发布了《国家职业教育改革实施方案》。同年，教育部、财政部发布了《关于实施中国特色高水平高职学校和专业建设计划的意见》，其中明确提出，集中力量建设高水平专业群，打造技术技能人才培养高地和技术技能创新服务平台，支撑国家重点产业、区域支柱产业发展，引领新时代职业教育实现高质量发展。

教育部、财政部共同发起的中国特色高水平高职学校和专业建设计划，也就是"双高计划"，把专业群建设摆在了前所未有的突出位置，是落实"职教 20 条"的支柱项目，也是立足新时代职业教育整体发展的引领性制度设计。课程体系的构建是高职院校专业群建设的重点，不但能将具有相同或相近技术基础的课程组成一个课程集群，而且可以解决职业院校提升发展的内在需求，提升其核心竞争力。

我国各个层级的高职院校，从国家示范校、骨干校、优质校、双高计划校，到普通高职院校，专业群建设都是其发展核心。国内部分财经类高职院校在财经类专业群建设方面已进行了有益的探索，也取得了一系列成果。

因此，财经专业大力整合资源进行专业群建设，尽可能将相关专业融合在一起，进而构建完备的课程体系，进一步优化师资力量、更新师资配备，重新规划实验实训设施设备以及完善教学评估体系，具有重要的现实意义。

⭐ 2.6.2　数字财金专业群建设背景

从传统手工人工到电算化时代，再从传统电算化、电脑软件的应用到大数据背景下向人工智能转型，科技的发展不仅提高了财金工作的效率，同时也引发了财金行业的危机，单一的财金工作已不能满足时代的需求。这就对职业院校专业建设和人才培养模式提出了更新、更高、更广的要求。财金专业人才对电子发票技术、区块链技术、新一代 ERP 技能、在线审计、移动支付、财务云和会计大数据技术的掌握，也成为行业的基本需求。

信息技术的高速发展，促使财金行业开始向着以智能化、大数据为基础的财务共享方向发展。行业需求的改变使财金专业的工作面临着新的机遇与挑战，行业市场越来越需要更多的复合型财金人才。当前我国职业院校财金类人才，其专业技能往往局限于传统会计核算及传统金融工作模式，而在行业发展的新形势下，财金专业学生将来需要进行更为广泛的专业技能与信息技能相结合的工作。也就是说，财金工作人员需要适应大数据时代企业对财金工作信息全流程线上化、大数据分析的需求。同时，学生还要掌握与大数据相关的知识和技能，职业的转型发展要与相应的知识储备和技术技能相衔接。

因此，随着财金专业培养模式的转型和培养目标的变革，职业院校数字财金专业知识和技能评价体系的研究更是迫在眉睫。

北京经济管理职业学院在数字财金专业培养目标下，采用"混合八式"人才培养创新模式，如图1-8所示，前面已有介绍，此处不再赘述。

⭐ 2.6.3　数字财金专业群人才培养模式下的评价体系建设

基于职业院校人才培养目标，结合时代与市场需求，专业群的知识和技能评价体系应凸显五个方面的内容。

2.6.3.1　课程设计评价

（1）根据高职院校人才培养要求，将课程设为以下三个层次：
1）公共基础课，公共基础课又分为必修课、限定选修课、素质拓展课。
2）专业技能课程，专业技能课程又分为专业基础课、专业核心课、专业拓展课。
3）实践课程，实践课程包括毕业论文和毕业实习。

（2）在具体的评价内容方面，设计如下：

1）大数据与会计专业（3＋2），鉴于3＋2专业学生已有专业基础，以及学制较短的特殊性，其培养模式与其他专业有所不同，评价内容和方式也有区别，具体如下。

素质评价：包括思想政治素质、文化科技素质、专业素质、职业素质、身心素质。

知识评价：公共基础知识、专业技能基础知识、专业技能知识。

能力评价：专业能力、社会能力、方法能力。

具体评价采用笔试、实践技能考核、项目实施技能考核、岗位绩效考核、职业资格技能鉴定、技能竞赛等多种考核方式，根据课程的不同，采用其中一种或多种考核相结合的方式进行评价。

2）大数据与会计专业，入学要求为普通高级中学毕业、中等职业学校毕业或具备同等学力学生，学制为3年。

评价指标同上。

3）大数据与审计专业，入学要求同为普通高级中学毕业、中等职业学校毕业或具备同等学力，学制3年。

评价指标同上。

4）金融服务与管理专业（3＋2），入学要求为已在北京市求实职业学校修满3年中职课程，经考核合格，学制2年。

评价指标同上。

5）金融服务与管理专业，入学要求为普通高级中学毕业、中等职业学校毕业或具备同等学力，学制3年。

评价指标同上。

6）金融科技应用专业（3＋2），入学要求为已在北京市求实职业学校修满3年中职课程，经考核合格，学制2年。

评价指标同上。

7）金融科技应用专业，入学要求为普通高级中学毕业、中等职业学校毕业或具备同等学力，学制3年。

评价指标同上。

（3）在课程设计上，7个专业既符合高等职业院校课程设计的总体要求，又有具体的课程评价指标。同时，对普通高职学生和3＋2学生采用不同的培养标准，课程设计方法更加科学。

2.6.3.2 教学目标评价

在财金专业群课程标准中，通过对教学目标、教学过程、教学结果的展示，对该群的所有课程进行具体的展现。

在教学目标方面，通过课程结束后学生对所掌握技能的展示，评价学生对该项知识和技能的掌握程度。同时还进行了毕业生调查，通过对所从事工作与所学专业是否相关、专业课程设计是否合理、实践课程设计是否合理、职业教育的必要性、对等级证书的看法（如财税智能登记证书、财务共享应用登记证书等）等方面的调查，评价专业课程设计的合理性；通过学生对教师教学过程中的信息化设计是否满意的调查，评价数字财金专业信息化教学的效果及合理性；另外，通过学生毕业后希望学校提供的后续服务的调查，对数字财金专业群的未来发展方向提供建议。

通过对企业对于毕业生人才需求的建议进行调研，掌握企业对人才素质的实际需求，并在教学中设计相关评价指标，如表2-8所示。

表2-8　教学设计相关评价指标

	素质要求	能力要求	从业资格	您的见解
行业群要求				
岗位群要求				
合作企业的要求				
学完课程后能达到的要求				
您所了解的学生情况				
突出课程实践性的措施				

通过对课程体系构建建议的调研，为课程体系的构建提供有价值的建议，如表2-9所示。

表2-9　课程体系构建的建议

	针对人才培养方案	具体措施
应用型人才培养		
突出实践技能		
对教师取得企业实践经历的看法与建议		
产学研合作		

2.6.3.3　"评教"与"评学"相结合

评教是指评价教师的教学质量，评学是指考查和评价学生在学习过程中的状态和学习效果。课堂教学评价要结合教师的教学内容和学生的接受效果，以学生评价为基础，促进教师教学能力的提升。

在教学的评价过程中，可采用多种评价指标，对不同的课堂模式采用不同的评价方式。比如实操类课程，可通过学生的参与度对课程进行评价。通过对教学的评价，来判断课程体系设计的合理性。

2.6.3.4　实践能力评价

高职院校人才培养目标是培养实践能力强，符合岗位需求、企业需求的高素质人才。因此，实践能力是评价高职教育的重要指标。通过对学生实践能力的评价，可以对高职院校教育成果进行检验。

（1）全面设计数字财金专业实践类课程，并设置合理的评价指标，通过评价指标，检验相关实践教学内容及其层次关系是否合理。同时，关注参与实践实训的师生状态、教学条件，以及实训室建设环境及设备应用状况，排除影响评价结果的不利因素。

（2）数字财金专业群的实践课程评价主要是从学生和教师两方面进行的，需要根据其在实践过程中的表现（如课堂出勤、实习报告的撰写等），以及实践课堂上的操作技能理解程度、掌握程度进行评价。同时，对学生的评价还体现在专业素养、职业道德、创新能力、解决问题的能力、毕业实习等方面。对教师的评价体现在专业实践知识、业务能力、自身素养等方面。

2.6.3.5　思想政治认知的评价

在专业知识和技能的教学及应用中，需要对学生和教师的思想政治认知进行评价。教师在教学中，要注意融入思政元素。教师可将思政元素在课前进行导入，引导学生学习，也可以在教学过程中提出，引导学生讨论，也可课后请学生思考，并对学生思政元素的认知进行评价。可以通过思政案例设计比赛、课堂思政讲课比赛等对教师进行思政评价。通过对思政认知的评价，引导教师和学生树立正确的世界观、价值观，树立爱党爱国、为人民服务、为社会服务的高尚品德。

2.6.3.6　结语

当前，数字财金专业群知识和技能体系已经有了初步的模型，并且经过实践应用也取得了一定的效果，在对毕业生满意度的调查中，获得了比较高的认可。但是，当前的专业群知识技能设置及评价，仍有很大的进步空间。随着科技的不断发展进步、人工智能的全面应用，数字财金专业知识和技能体系的设置需要不断地顺应时代的步伐进行调整和完善。

2.7　数字财金专业群课程体系比较研究与特色分析

伴随"双高"建设，高职院校纷纷实施"以群建院"，开始组建专业群。本节以现代财经服务专业群课程体系建设为研究对象，选取了不同类型院校中的四个专业群，从课程体系的培养目标、课程模块设置、课程体系设置等方面进行对比分析，阐述了数字财金专业群课程体系的特色与不足，最后总结出课程体系进一步改进的方向。

⭐ 2.7.1 研究背景

《国家职业教育改革实施方案》（国发〔2019〕4号）中提出，要建设150个骨干专业（群）。教育部、财政部《关于实施中国特色高水平高职学校和专业建设计划的意见》（教职成〔2019〕5号）更明确提出，将打造高水平专业群作为改革发展任务之一。随着职业教育"双高计划"的启动，专业群建设成为高职教育高质量发展的重要发力点。从专业建设发展到专业群建设，最大的变化是课程体系的重构。因此，如何构建契合专业群人才培养目标、服务区域产业群发展、对接岗位群技术技能需求的模块化的课程体系是高水平专业群建设的立足点，也是职业教育改革的关键点。

在"双高"背景下，各高职院校纷纷响应，实施"以群建院"，推动专业群建设。在财经类院校中，"数字财金专业群""智慧财经专业群""财税金融专业群""科技金融专业群"等专业群应运而生。各专业群从人才培养出发，构建了基于学习领域、基于工作过程、"平台＋模块"化等的课程体系。立足于专业群课程体系建设，通过对现代财经服务专业群课程体系建设进行比较研究，可以为探索专业群课程体系建设特色发展路径提供一定的参考。

⭐ 2.7.2 专业群选取与研究方法

2.7.2.1 专业群选取依据与数据获取

2019年，教育部、财政部推出中国特色高水平高职学校和专业建设计划（简称"双高计划"），遴选坚持质量为先、改革导向、扶优扶强，面向独立设置的专科高职学校，分高水平学校和高水平专业群两类布局。首先根据高水平学校和专业群遴选标准，分别对学校和专业群评价赋分。在高水平学校的遴选中，依据学校和2个专业群赋分综合排序，分为A、B、C三档。在高水平专业群的遴选中，依据学校和1个专业群赋分综合排序，考虑产业布局和专业群布点，也分为A、B、C三档。本节在专业群的选取上分两个维度选取了三个专业群与数字财金专业群进行对比分析。一是从办学水平维度选择专业群。特色高水平学校和特色高水平专业群体现了学校的办学方向与经费实力，同时影响着高职院校的师资力量和专业群建设水平，这种差异会较为清晰地体现在课程设置与课程体系上。因此，本节选择了分别属于A、B、C三档的特色高水平高职学校各一所，其专业群中均包含大数据与会计类或金融类专业，与数字财金专业群课程体系进行对比分析。二是从地区维度选取专业群。由于不同地区的生源差异导致了各地高职院校办学层次、培养目标存在一定的差异，这种差异也会体现在课程设置及课程体系上，因此本节在选择专业群时也考虑了地区之间的差异，选择了与数字财金专业群同样处于北京地区的高职院校一所，处于华东地区山东省、华南地区浙江省的高校各一所。具体专业群选取情况见表 2-10，选取的三个专业群分别命名为 A、B、C 专业群。四所高职院校专业群的人才培养方案、课程设置及课程体系等方面的资料，部分来自官方网站公布的资料及特色高水平高职学校和专业建设计划建设方案，部分由同行提供，之后对多个数据源不同的数据类型进行归并处理分析。

表 2-10　专业群选取

专业群名称	所属院校	所含专业	所在地区
数字财金专业群	非特色高水平高职学校	大数据与会计、财税大数据应用、金融科技应用、金融服务与管理、大数据与审计、证券投资、财富管理	北京市
A 专业群	特色高水平高职学校（A 档）	市场营销、电子商务、大数据与会计、现代物流管理、商务管理	山东省
B 专业群	特色高水平高职学校（B 档）	金融服务与管理、国际金融、农村金融、金融科技应用、信用管理	浙江省
C 专业群	特色高水平高职学校（C 档）	大数据与会计、金融服务与管理、金融科技应用、国际金融	北京市

2.7.2.2　研究方法

本节主要采取了文献研究法、访谈法、比较研究法，对四所高职院校的公开资料及从专业群课程体系设置的相关文献中收集的资料，进行梳理、分析，总结出四所高职院校现代财经服务类专业群的课程设置相关数据。首先按照培养目标进行校际专业群比较，然后进行课程设置模块的对比分析，最后从公共基础课程设置、专业群基础课程设置、专业方向课程设置、专业拓展课程设置四个角度进行四所院校专业群课程体系的横向对比分析。

2.7.3　现代财经服务类专业群课程体系对比研究

2.7.3.1　培养目标

培养目标是指依据国家教育目的和高职学校性质与任务，把学生培养成什么样的人才的设想。课程体系依托于培养目标，是培养目标的具体化，是培养目标实施的重要抓手，因此在进行课程体系对比前首先要进行人才培养目标的对比。通过对比发现，四个专业群的人才培养目标存在相似之处，高素质、综合性、复合型的技术技能人才为培养人才类型的共通点；同时，四个专业群的培养目标又存在一定的差异，主要体现在专业群面向及培养人才知识、技能、素质的要求等方面，但是数字财金专业群提出的"精财税、通金融、会营销、善沟通"与同处于北京的 C 专业群（智慧财经专业群）提出的"懂技术、精核算、晓税法、通金融"较为类似。如表 2-11 所示。

表 2-11　现代财经服务类专业群培养目标对比

专业群	培养目标	培养人才类型
数字财金专业群	面向首都服务业、高新技术企业，培养"精财税、通金融、会营销、善沟通"的人才	高素质财金综合技术技能人才
A 专业群	培养具备生产运营、研发设计等行业背景知识，掌握大数据等商业信息应用技术，从事需求分析与挖掘、产品规划、视觉沟通、品牌建设、供应筹划、客户服务与关怀、业务财务等商务服务工作，能力出色、国际视野宽广的人才	数据素养突出、跨界应用复合型、创新型商务服务技术技能人才
B 专业群	面向金融机构、类金融机构和互联网金融企业一线，培养适应现代金融产业发展和服务实体经济需要，具备相应素质要求、知识要求和技术技能要求的人才	高素质技术技能人才
C 专业群	面向现代商务服务业和金融业，培养"懂技术、精核算、晓税法、通金融"的具有数字化思维和数字专业技能及"诚信、创新"财经职业素养的人才	高素质复合型技术技能人才

2.7.3.2　课程模块设置

在课程模块设置上，四个专业群分别采取了不同的课程体系设计思路，课程模块也有所区别，但总体上来看课程模块都可划分为三个层次。基层课程一般为基础课程或基础平台课程，多为公共基础课程、专业素养课程和专业群基础课程，采取的是群共享的模式，群内所有专业均需开设，使学生掌握基础知识，提升综合素养；中层课程一般为专业核心课或方向课程，按照专业方向课程有所不同又有一定的融合，打牢学生的专业知识和技能基础；高层课程一般为发展性或拓展性课程，不同专业能够互选、互通，以提升学生的专业拓展能力。如表 2-12 所示。

表 2-12　现代财经服务类专业群课程模块设置对比

专业群	课程体系设计思路	课程模块
数字财金专业群	基层共享、中层分流、高层互选	公共基础平台课＋专业群基础平台课＋专业核心方向课＋专业互选平台课
A 专业群	基础通用、项目共享、方向明确、拓展提升	公共基础课程＋专业群基础课程＋专业群技能通用模块＋专业群精技提升模块＋专业群拓展模块

续表

专业群	课程体系设计思路	课程模块
B专业群	书证融通，多层次、互通式	专业群共享课程＋专业特色课程＋岗位能力迁移课程＋证书培训课程
C专业群	基础平台课程共享、中层方向课程分立、发展性课程融合	公共基础课程＋专业素养课程＋通用能力课程＋专业群方向课程＋专业群发展性课程

2.7.3.3 课程体系设置对比

为了便于对比分析，本节将四个专业群的课程划分为四大类别，即公共基础课程、专业群基础课程、专业方向课程和专业拓展课程，从课程开设的门数、课程类别等角度进行专业群对比分析。

1. 公共基础课程设置

公共基础课程是根据国家要求由学校统一开设的课程，一般在大学一年级第一、第二学期开设，以提升现代财经服务人才通用的素质、知识、能力为目标。四个专业群在公共基础课程的开设上相似度较高，基本都包括思想政治类课程（如思想道德修养与法律基础、毛泽东思想和中国特色社会主义理论体系概论等）、人文素养类课程（如大学英语、大学语文、经济数学、体育、心理健康教育、美育、劳动教育等）、职业规划与就业指导类课程（如职业规划、就业指导、沟通技巧、职业道德等）、创新创业类课程（如创新创业基础）、人工智能类课程（如人工智能基础等）。经统计分析，四个专业群共设置了49门不同的公共基础课程，从课程类别上来看，人文素养类课程数量最多，达到24门，占比达到49%，说明人文素养类课程受重视程度较高。具体如图2-40所示。

公共基础课程设置

■人文素养类　■思想政治类　■职业规划与就业指导类　■创新创业类　■人工智能类

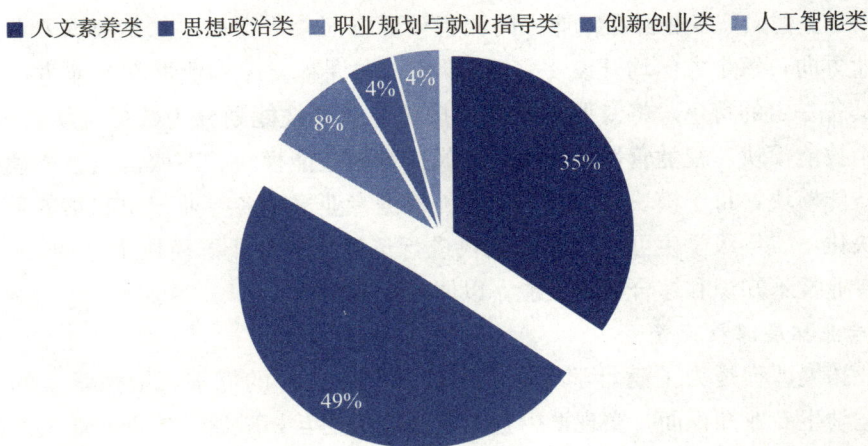

图2-40　公共基础课程设置

2. 专业群基础课程设置

专业群基础课程是专业群内各专业共享的专业基础课程，其目的是使学生掌握专业基础知识、提升学生综合职业素养，为后续专业核心课程的学习打下基础。通过对四个专业群基础课程的对比分析发现，专业群基础课程大致分为经济学类、管理学类、金融学类、会计学类、数据分析类和其他，与另外三个专业群相比，数字财金专业群数据分析类课程开设门数较多，共 4 门，包括财金大数据可视化、财金 Python 技术、大数据财务分析和统计学基础，在专业群基础课程（共 10 门）中占比较大。具体如图 2-41 所示。

专业群基础课程设置

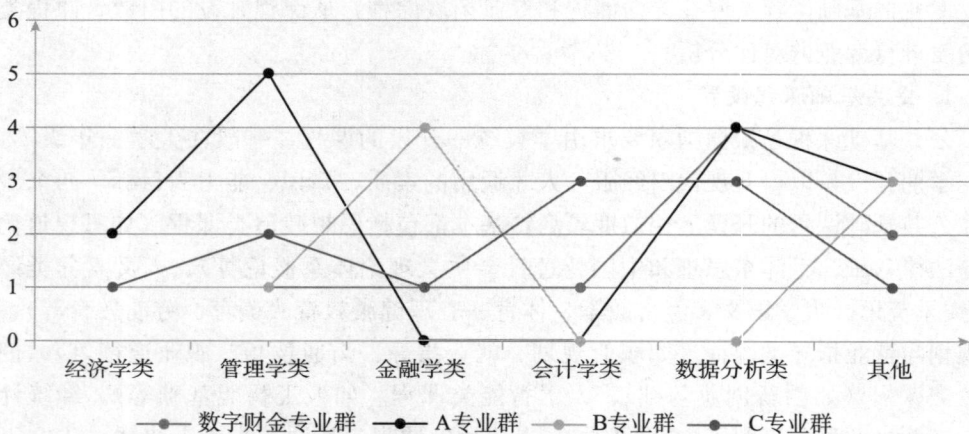

图 2-41 专业群基础课程设置

3. 专业方向课程设置

专业方向课程是专业群内体现各专业人才培养特色的专业核心课程。数字财金专业群、B 专业群、C 专业群在专业方向课程设置方面较为类似，都是根据专业群内不同的专业方向，每个方向均开设 4～5 门专业方向课程。A 专业群在专业方向课程设置方面具备一定的特色，将专业方向课程按照专业群技能划分为数据分析技能模块、精准营销技能模块、视觉营销技能模块、供应筹划技能模块、客服沟通技能模块、财务管理技能模块，每个模块设置 3 门课程。根据专业群中各专业定位和培养目标，将课程模块化，二年级学生可按照课程模块进行选择，从专业群模块中选择 2～3 个模块学习专业技术知识和综合实践技能，以体现专业特色。

4. 专业拓展课程设置

专业拓展课程是为了满足学生职业岗位多样化选择的需求，增强学生的职业能力，拓宽学生专业知识面，实现群内各专业岗位群的互相融通，提升专业人才岗位迁移能力而设置的课程。A 专业群专业拓展课程比较有特色，设置了不同的模块，包括行业提升模块、技术提升模块、职业成长模块、创业意向模块，满足学习者"多样化发展"及未来"拓展提升"的需求。数字财金专业群的专业拓展课包括：编制合并报表、审计实务、财金 Python 技术、财金大数据可视化、Excel 在财务管理中的应用和 V 创新创业等，突出数字技术技能培养和财会专业提升训练。B 专业群建设专业拓展课的亮点是组建课程教学团队（包括校内课程授课教师、行业兼职教师、教育技术人员等），共同研讨专业群课程教学内容。通过集体备课的形式，完成拓展课程资源的系统规划和项目设计。通过课程教师和教育技术工作者的合作完成课程资源的数字化，上传到网络教学平台供学生在线学习。

⭐ 2.7.4　数字财金专业群课程体系特色

2.7.4.1　专业群培养目标设置清晰

随着数字经济的发展，商务服务业和金融服务业的工作方式由以往的界限分明、各司其职向无界化、协同式演进。从业人员需懂财务、精筹划、通金融、擅管理，具有数据决策思维和能力，这种典型的复合型人才，单一专业难以培养。数字财金专业群据此设计了各专业的协作支持关系，克服了传统人才培养方式专业划分过细、专业壁垒过强的不足，各专业合力培养出符合社会需求的高素质技术技能人才。

数字财金专业群聚焦"智慧财税、普惠金融、数字财金、国际标准"，深化校企合作、产教融合，本着"人才共育、资源转化、技术共享、文化互补、管理互通"的理念，面向首都服务业、高新技术企业，为企业、为社会培养"精财税、通金融、会营销、善沟通"的高素质综合技术技能财金人才。清晰的培养目标是完善的课程体系架构的基础，有助于促进技能获得、能力提升与素质培养的融合，提高职业院校专业群育人效果。

2.7.4.2　专业群课程体系实现"四融合"

数字财金专业群充分利用校企合作企业在"1+X"证书方面的资源优势，构建产教融合应用型课程体系，实现课程融通、实训融通、生产融通、运营管理融通等"四融合"。专业群课程设置特色显著，结合"大智移云物"技术应用时代背景，立足于基础性财务工作向信息化系统和财务人工智能转变、金融及财会相关专业群岗位由操作型向综合财务顾问、投融咨询、理财策划等方向转变的现状，为学生设置相应的专业方向课程，学生可根据自己的特长、偏好选修课程。

2.7.4.3　课程设置符合数字经济发展的需要

2021 年，在全球数字经济大会上，北京市政府发布了《北京市关于加快建设全球数字经济标杆城市的实施方案》，这是全球首次发布数字经济标杆城市发展"蓝图"。方案明确了北京市加快发展数字经济的战略规划，提出了打造引领全球数字经济发展的"6 个高地"，到 2030 年建设成为全球数字经济标杆城市的目标。2020 年北京市数字经济总量超 1.44 万亿元，占 GDP 比重超 40%，这就急需成千上万名兼具财会金融技能与大数据分析技能的人才填补人力资源空缺。数字财金专业群基础课程开设了四门数据分析类课程,包括财金大数据可视化、财金 Python 技术、大数据财务分析和统计学基础,使课程与财务数据相结合,培养学生使用数据分析工具解决财务问题的能力,有效地满足了数字经济发展的需要。

⭐ 2.7.5　借鉴意义

对四个专业群课程体系的比较分析,对于数字财金专业群课程体系的建设具有一定的借鉴意义。

第一,公共基础课程应更加重视学生人文素养的培育,增加人文素养类通识教育课程的开设,如美育、职业道德、中华优秀传统文化、心理健康教育、劳动教育等课程,关注学生的全面发展,塑造学生良好的道德品格。可以增设选修课,增加课程体系中公共选修课的比重,增强选课的弹性和灵活性,鼓励学生根据自己的兴趣选修课程,保证课程的实效性,切实提高学生的综合素养。

第二,专业群基础课程应更加注重课程与大数据、人工智能等新技术的融合,同时课程要服务于专业群内各专业的岗位群能力要求。分析归纳各岗位共同需要的新技术、新工艺、新规范,并设计专业领域共通的基本工作任务,进而构建统一的专业群基本能力课程平台。

第三,专业方向课程应进行模块化课程改革,学生可根据模块化的菜单进行课程选择。课程模块的设置应聚焦于提升学生的岗位能力,将岗位对学生的能力要求落实到课程层面,夯实学生的专业基础知识和技能。专业方向课程还应体现与"1＋X"职业技能等级证书的融通,体现与技能竞赛的融合,体现校企合作双元育人。

第四,专业拓展课程的开设应更加多样化,满足学生"多样化发展"及未来"拓展提升"的需求。打通各专业之间的壁垒,实现专业互选,体现专业群课程之间的组群逻辑与相互融通,提高学生的岗位迁移能力,使学生更好地适应不同类型企业对岗位能力的不同需求。课程的设置应紧扣学生就业方向,与校企合作企业共同开设,充分利用企业资源,紧密结合企业实际工作任务进行设置。

⭐ 2.7.6　延伸案例研究

图 2-42 至图 2-44 所示为网中网软件公司设计的大数据与会计、大数据与财务管理、大数据与审计三个专业的课程体系情况。

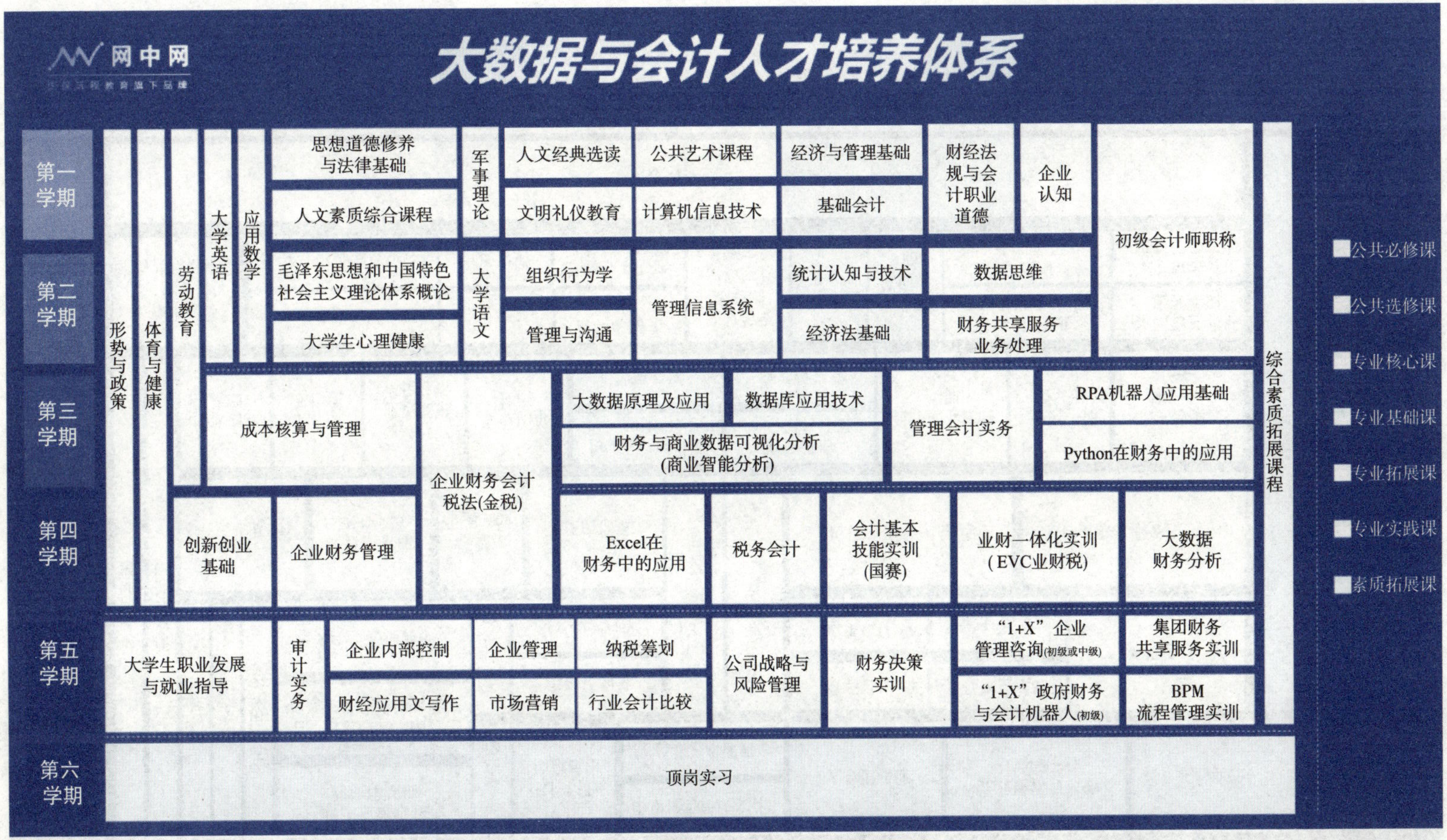

图 2-42 大数据与会计人才培养体系

大数据与财务管理人才培养体系

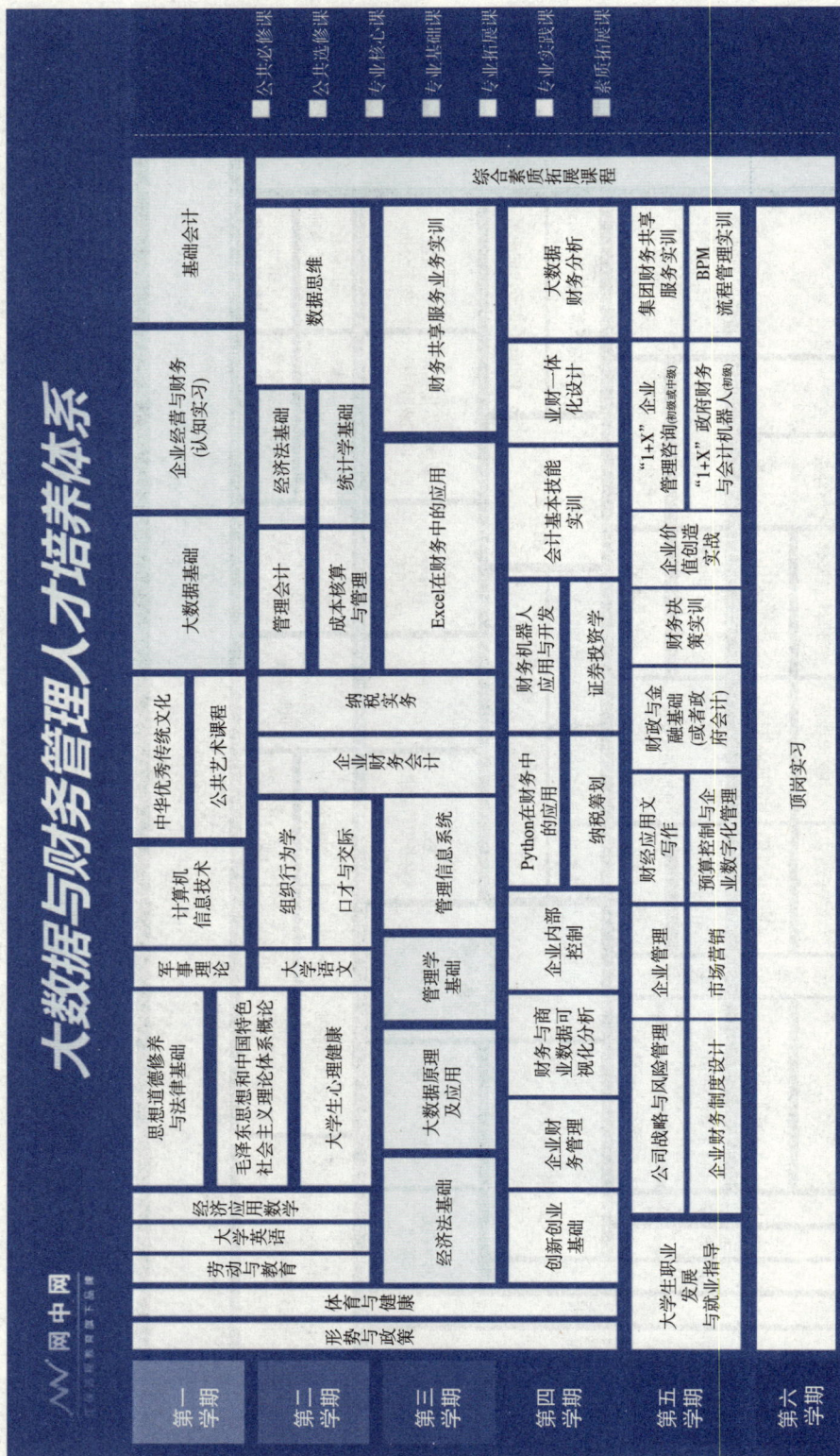

图 2-43 大数据与财务管理人才培养体系

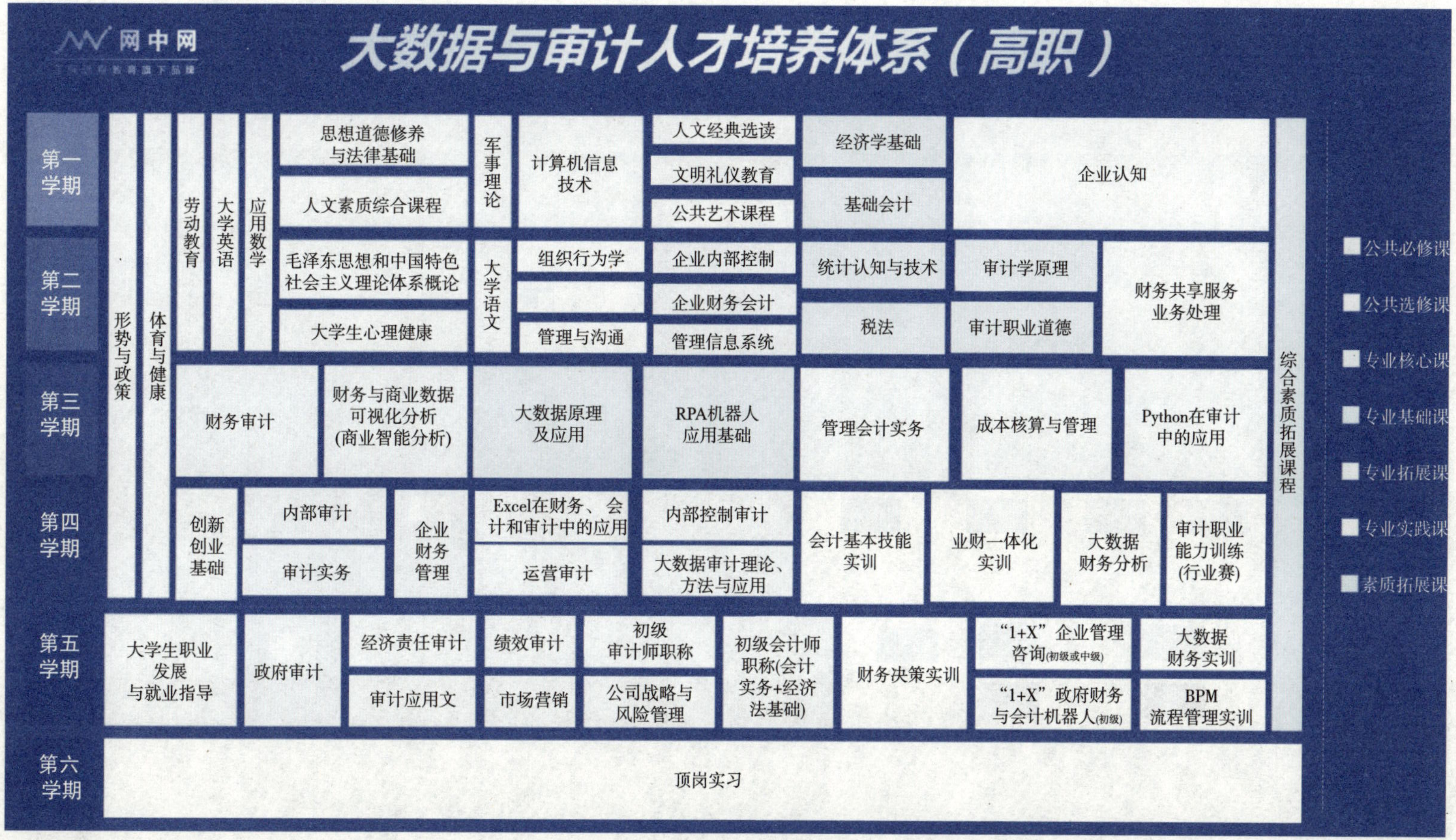

大数据与审计人才培养体系（高职）

| | 公共必修课 | 公共选修课 | 专业核心课 | 专业基础课 | 专业拓展课 | 专业实践课 | 素质拓展课 |

综合素质拓展课程

企业认知

财务共享服务业务处理

Python在审计中的应用

审计职业能力训练（行业赛）

大数据财务实训

BPM流程管理实训

审计学原理

审计职业道德

大数据财务分析

"1+X" 企业管理咨询（初级或中级）

"1+X" 政府财务与会计机器人（初级）

经济学基础

基础会计

统计认知与技术

税法

成本核算与管理

会计基本技能实训

业财一体化实训

财务决策实训

人文经典选读

文明礼仪教育

公共艺术课程

企业内部控制

企业财务会计

管理信息系统

RPA机器人应用基础

内部控制审计

大数据审计理论、方法与应用

初级会计师职称（会计实务+经济法基础）

计算机信息技术

组织行为学

管理与沟通

大数据原理及应用

Excel在财务、会计和审计中的应用

运营审计

初级审计师职称

公司战略与风险管理

军事理论

大学语文

财务与商业数据可视化分析（商业智能分析）

企业财务管理

绩效审计

市场营销

思想道德修养与法律基础

人文素质综合课程

毛泽东思想和中国特色社会主义理论体系概论

大学生心理健康

内部审计

审计实务

经济责任审计

审计应用文

应用数学

大学英语

财务审计

创新创业基础

政府审计

劳动教育

体育与健康

大学生职业发展与就业指导

形势与政策

顶岗实习

| 第一学期 | 第二学期 | 第三学期 | 第四学期 | 第五学期 | 第六学期 |

图 2-44 大数据与审计人才培养体系（高职）

相关专业群课程体系
构建案例研究

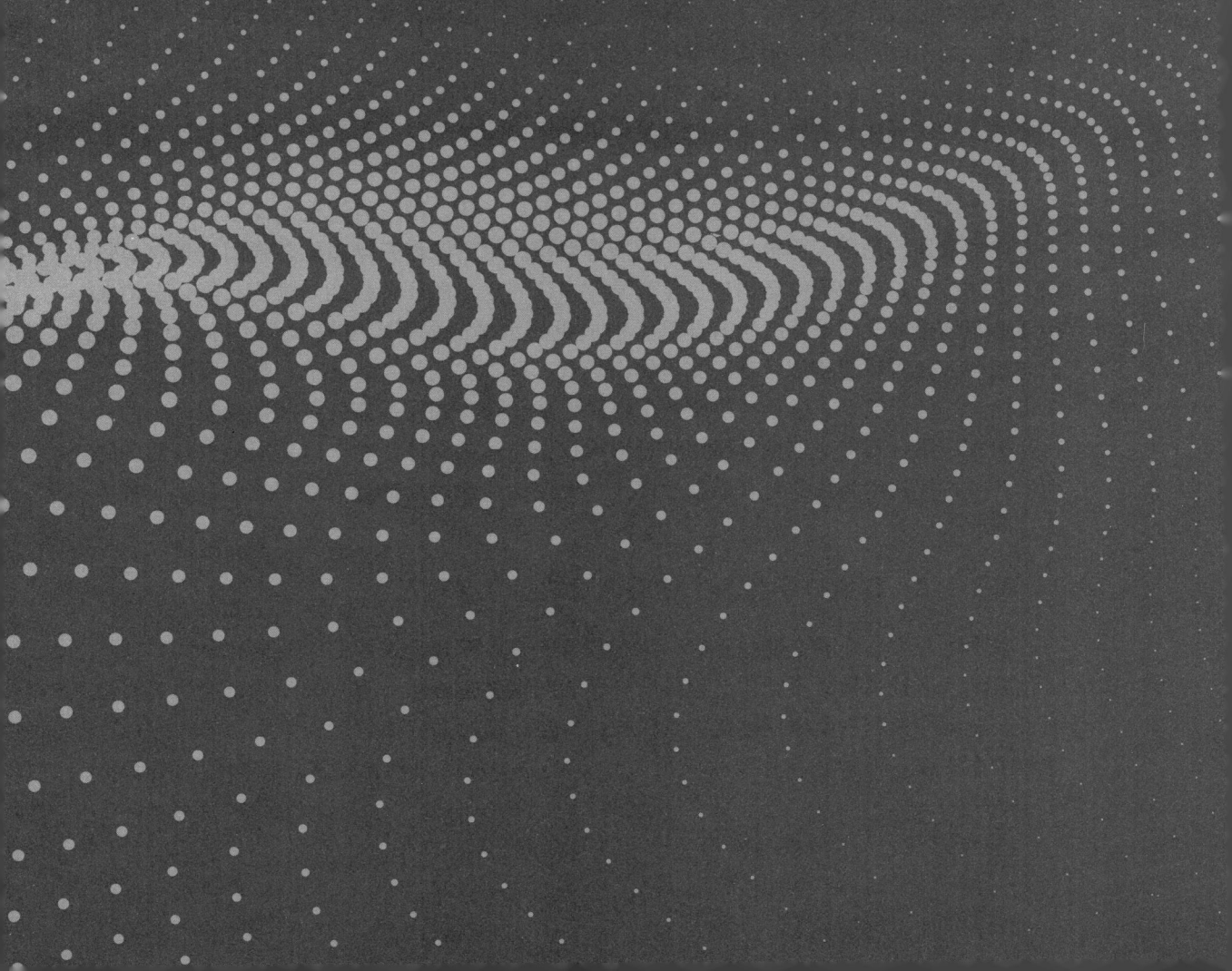

3.1 数字媒体专业群课程体系构建案例[①]

⭐ 3.1.1 课程体系建设的探索过程

3.1.1.1 探索数字媒体专业与产业需求对接的可持续发展的课程体系

在数字媒体人才培养方案中引入德国职业教育的"胡格教育模式",这是我国产教融合人才培养模式的一种创新。胡格教育模式是一种新型职业教育模式,它将非专业能力培养作为最重要的目标和内容,并将非专业能力培养与专业能力培养高度融合,所以它的人才培养目标、课程体系、课程标准、教学模式、评价方式都与其他模式有很大的不同,其内涵远远超过教学改革试验。

通过学习、实践与研究,团队教师提出了符合中国数字媒体技术专业本土化的培养模式,对课程体系进行了全新的设置,根据国内市场需求,重新架构可持续发展的数字媒体课程体系,分为专业群基础课、专业基础课、专业核心课、专业拓展课和实践课五大体系。每个体系的设置偏向于平面的品牌、IP、图形可视化等课程,以及影视方向的策划、拍摄、剪辑、合成、后期等课程。每门课程安排多位教师团队集体备课、协同授课。在课程中运用项目化教学方式培养学生的职业技能与社会技能,努力构建德智体美劳全面培养的教育体系,形成更高水平的数字媒体技术人才培养体系。把立德树人融入思想道德教育、文化知识教育、社会实践教育各环节,教师要围绕这个目标实施教学活动,学生要围绕这个目标完成学业。同时,充分发挥肖永亮大师的行业引领作用,与凤凰卫视·凤凰教育形成校企命运共同体。在全球新冠肺炎疫情的新形势下,依托网络资源与新型教学模式,促使专业建设与产业发展相适应,实质推进协同育人。

3.1.1.2 探索以学生为主体的课堂教学方案

以学生为中心,健全德技并修、工学结合的育人模式。采用德国胡格教学法、项目化教学、情景式教学、工作过程导向教学等新型教学方法。引入大师和企业的真实项目,运用"学习→模拟→创造"三段式训练法,通过迭代演练,让学生学习国际标准和工作流程,模拟真实作品,完成工作室任务。采用师带徒模式,按岗位划分角

---

① 本部分负责人是:刘淼晶、冀建平、马雪梅、刘军玲、陈俊良。

色，模拟工作情境，培养团队合作能力和工匠精神。建设凤凰国际数字媒体互动学习平台，为学生提供凤凰生态企业联盟模拟项目及教学案例资源，帮助师生系统了解凤凰全媒体平台产业链数字视效制作标准。工作室团队组织学生参加多种技能大赛，达到以赛促教、以赛促学的目的。

在课堂教学方面，教师组成教学团队，集体备课，共同设置课堂教学内容与活动，改变传统课堂的说教式、灌输式教学方法，采用胡格教育模式的启发式、讨论式教学方法，充分激发学生主动学习的兴趣，教师充当教练的角色，尽可能地因材施教，挖掘学生的个人潜质，真正做到将课堂还给学生。以项目化教学方式设置教学任务单，根据学生水平由简到难、由浅到深逐级递进进行设置。在教授知识、技能的同时，潜移默化地培养学生的非专业能力，积极响应党在新时期教育工作的指导方针，培养学生健全的人格和良好的素养，引导学生树立社会主义核心价值观，将其内化为学生培养的人文素养和职业素养目标。将非专业能力，尤其是学生的可持续发展能力培养作为职业教育的首要目标，以专业为载体，实现非专业能力目标与专业能力、职业技能培养的高度融合，构建以培养人文素养、职业素养、职业能力、创新精神为核心的课程体系、教学体系和评价体系。

3.1.1.3　构建多维度的综合素质评价体系

引入企业真实项目案例，以项目化教学方式开展教学活动，将数字媒体技术专业的所有考核指标与评价标准进行重新组合，校企双方共同开发，从德智体美劳五个层面重新定义高职数字媒体综合素质评价体系，对评价方式进行多样化、立体化、直观化、层级化的顶层设计，运用大数据画像技术开发横向与纵向相结合的评价体系坐标，所有专业老师执行同一套标准化评价方式，重新设计项目化教学案例的任务单样式、结构、布局，并根据数字媒体发展趋势不断迭代，通过用户画像技术，使学生综合素质评价的方式从人工统计、人为主观评价和定性评价向机器自动采集和定量评价转变，评价的结果从单一的分数和片面结论向综合的、多维的、全过程的数据模型转变，有效推进"以人为本"的现代职业教育体系的建设，最终形成学校、教师、企业、个人四方共同认可的评价体系，助力人才培养目标的达成。

3.1.1.4　探索发挥工作室优势，实现教学过程与生产过程对接

发挥工作室平台作用与优势，以学生为主体，以职业能力为中心，以实际项目或模拟项目为载体，以迭代式技能训练为手段，渗透职业素养和工匠精神的培养，校企共同进行教学设计、组织和实施。探索现代学徒制，实行分阶段人才培养，将学生学习过程分为以下几个阶段：

（1）入学阶段，肖永亮大师带队介绍前沿技术，学生到企业进行认岗职业体验。同时重点培养学生人文、思想素养和基础素质。

（2）课程学习阶段，引入大师的项目进行迭代式演练，引入企业文化、国际化项

目式工作流程，重点训练和培养学生专业基础、专业技术技能。

（3）实训阶段，授课过程中三方共同指导学生参与企业模拟实践项目，由于学生基础比较薄弱，还不能完全承担企业项目任务，因此使用模拟项目方式进行实训，共同培养学生岗位综合能力，帮助学生积累岗位工作经验。

校企双导师坚持以学徒（学生）为中心的教学原则，结合实际生产岗位，创新开展线上线下混合式教学模式和方法，运用 SPOC 平台获得真实有效的学情数据，为今后的课程建设奠定基础。严格依据专业人才培养方案组织教学，建立各教学环节科学规范的管理制度并认真落实。学校和企业实时掌握教学运行情况，及时处理教学运行过程中出现的问题，保证教学运行稳定有序。

3.1.1.5 校企共同开发数字化资源助力学生成才

经过两年的教学运行，数字媒体专业课程，如 AE 视频包装创意设计、MV 短片制作、二维影视动画制作、C4D 三维设计、商业海报制作、三维动画基础模型制作、三维影视场景设计与制作等，取得了北京经济管理职业学院校级网络在线课程（SPOC）认定。

通过整合全新人才培养方案，将胡格教育模式下的课程，与凤凰订单班的课程进行融合，开发出全新的适合新时代数字媒体领域的人才培养方案。对传统课堂进行数字化改造，积累了丰富的教学案例与教学资源，为教育教学活动提供了有力保障。同时注重课堂生成性资源，在教学实践过程中不断调整、增删、激发灵感，以满足学生的学习需求为原则，为学生提供系统全面的学习平台，在教学实施方面逐步落实以学生为中心的教学理念，实现有效教学。所有学生的授课过程、教学成果都以电子资源的形式保存下来，可查询、可下载、可考核。学生通过线上教学方式形成自己的评价体系，所有教学活动环节均保存教学成果，学生课上完成的作业、练习、任务同时也是今后找工作的作品积累，为职业生涯奠定基础。

⭐ 3.1.2 课程体系建设的成果表现

3.1.2.1 以学生为中心打造德智体美劳全面发展的校企合作人才培养模式

数字媒体技术专业自 2018 年底引入德国胡格教育模式改革项目，以职业教育规律为起点，遵循以人为本、以学生为中心的原则，立足服务于人格塑造的教育理念，旨在培养能够高效率解决问题的可持续发展的职业人。同时在德国胡格教育模式的基础上，融合我国数字媒体技术专业特点，进行本土化改造，确定了数字媒体专业从业人员的培养目标和人才规格。

根据国内市场需求，重新架构可持续发展的数字媒体课程体系，分为专业群基础课、专业基础课、专业核心课、专业拓展课和实践课五大体系。每个体系设置偏向于平面的品牌、IP、图形可视化等课程；偏向于影视方向的策划、拍摄、剪辑、合成、后期等课程。每门课程安排多位教师团队集体备课、协同授课。课程中运用项目化教学方式培养学生的职业技能与社会技能，努力构建德智体美劳全面培养的教育体系，形成更高水平的数字媒体技术人才培养体系。把立德树人融入思想道德教育、文化知识教育、社会实践教育各环节，教师要围绕这个目标实施教学活动，学生要围绕这个目标完成学业。充分发挥肖永亮大师的行业引领作用，与凤凰卫视·凤凰教育形成校企命运共同体。在全球新冠肺炎疫情的新形势下，依托网络资源与新型教学模式，推动专业建设与产业发展相适应，实质推进协同育人。

3.1.2.2 多维度的综合素质评价体系建设助力人才培养目标达成

以项目化教学方式开展教学活动，对数字媒体技术专业的所有考核指标与评价标准进行重新组合，校企双方共同开发，从德智体美劳五个层面重新定义高职数字媒体综合素质评价体系，对评价方式进行多样化、立体化、直观化、层级化的顶层设计，运用大数据画像技术开发横向与纵向相结合的评价体系坐标，所有专业老师执行同一套标准化评价方式。对项目化教学案例的任务单样式、结构、布局进行重新设计，并根据数字媒体发展趋势不断迭代，通过用户画像技术，使学生综合素质评价的方式从人工统计和人为主观评价向机器自动采集和定量转变，评价的结果从单一的分数和片面结论向综合的、多维的、全过程的数据模型转变，有效推进"以人为本"的现代职业教育体系的建设，最终形成有利于学校、教师、企业、个人四方共同认可的评价体系，助力人才培养目标的达成。

⭐ 3.1.3 课程体系的创新点

3.1.3.1 可持续发展的数字媒体人才培养体系

在国家倡导的新媒体新经济时代窗口期，发挥肖永亮大师的引领作用，与凤凰卫视·凤凰教育形成校企命运共同体。通过对数字媒体职业岗位的梳理与未来发展趋势的研判，培养理想信念坚定，德、智、体、美、劳全面发展，牢固树立社会主义核心价值观，具有一定的科学文化水平，具备良好的人文素养、职业道德、创新意识、精益求精的工匠精神及较强的就业能力和可持续发展能力的高素质人才；依托新媒体与网络技术应用专业群，培养掌握数字媒体专业知识和技术技能，能够从事平面设计、交互设计、三维建模、材质灯光、三维特效、影视调色、影视剪辑、影视特效等工作的技术技能人才。且该体系可以根据需求进行动态调整，以适应不同时期的数字媒体发展趋势，满足职业人才需求。

3.1.3.2 运用润物细无声的方式强化思想政治教育与技术技能培养的有机统一

结合数字媒体应用技术专业人才培养特点和专业能力素质要求，探索专业能力模块化课程设置方案，积极引入行业企业优质课程。结合高职学生学习特点，强化专业课教师立德树人意识，教师在授课过程中，全面推进"三全育人"，对中华民族传统文化、中国优秀故事、民族精神、工匠精神等方面的经典案例进行梳理，运用"润物细无声"的教学方式在专业课程中体现思想政治教育元素，将其融入教学实践环节，实现思想政治教育与技术技能培养的有机统一，充分发挥专业课程承载的思想政治教育功能。校企双方共同建立课程思政内容资源库，使用新型活页式、工作手册式教材并配套开发信息化资源。将"1+X"证书认证培训课程融入数字视效课程教学，促进职业技能等级证书与学历证书的相互融通。

3.1.3.3 采用大数据融合的用户画像模型构建学生综合素质评价体系

根据数字媒体行业标准和职业院校学情分析，将大数据用户画像技术应用于学生综合素质评价，为学生评价的方法、过程、反馈提供强大的技术支撑和管理模式，确保综合素质评价因素的真实性和系统性、评价过程的准确性和全面性、评价反馈的有效性和可操作性。将学生综合素质评价画像模型分为思想道德特征模型、身心素质特征模型、学业水平特征模型、实践能力特征模型、职业能力特征模型和指标评价特征模型。根据每个标签的特点使用数据挖掘的算法（决策树、聚类、支持向量机、分类与回归树等）对数据进行处理，计算标签的维度值，最终形成符合数字媒体领域人才需求的精准素质评价体系。

数字媒体专业实训基地和"云数智"赋能教学全过程如图 3-1 和图 3-2 所示。

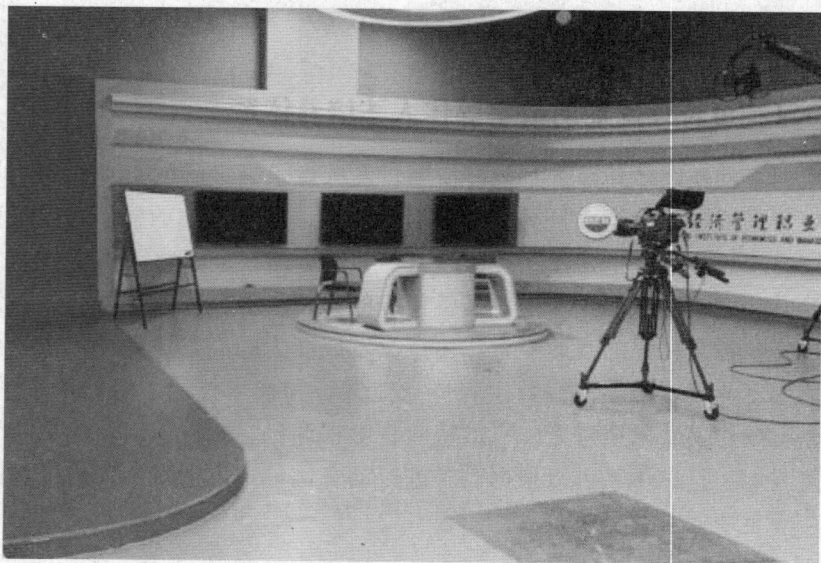

图 3-1　数字媒体专业实训基地

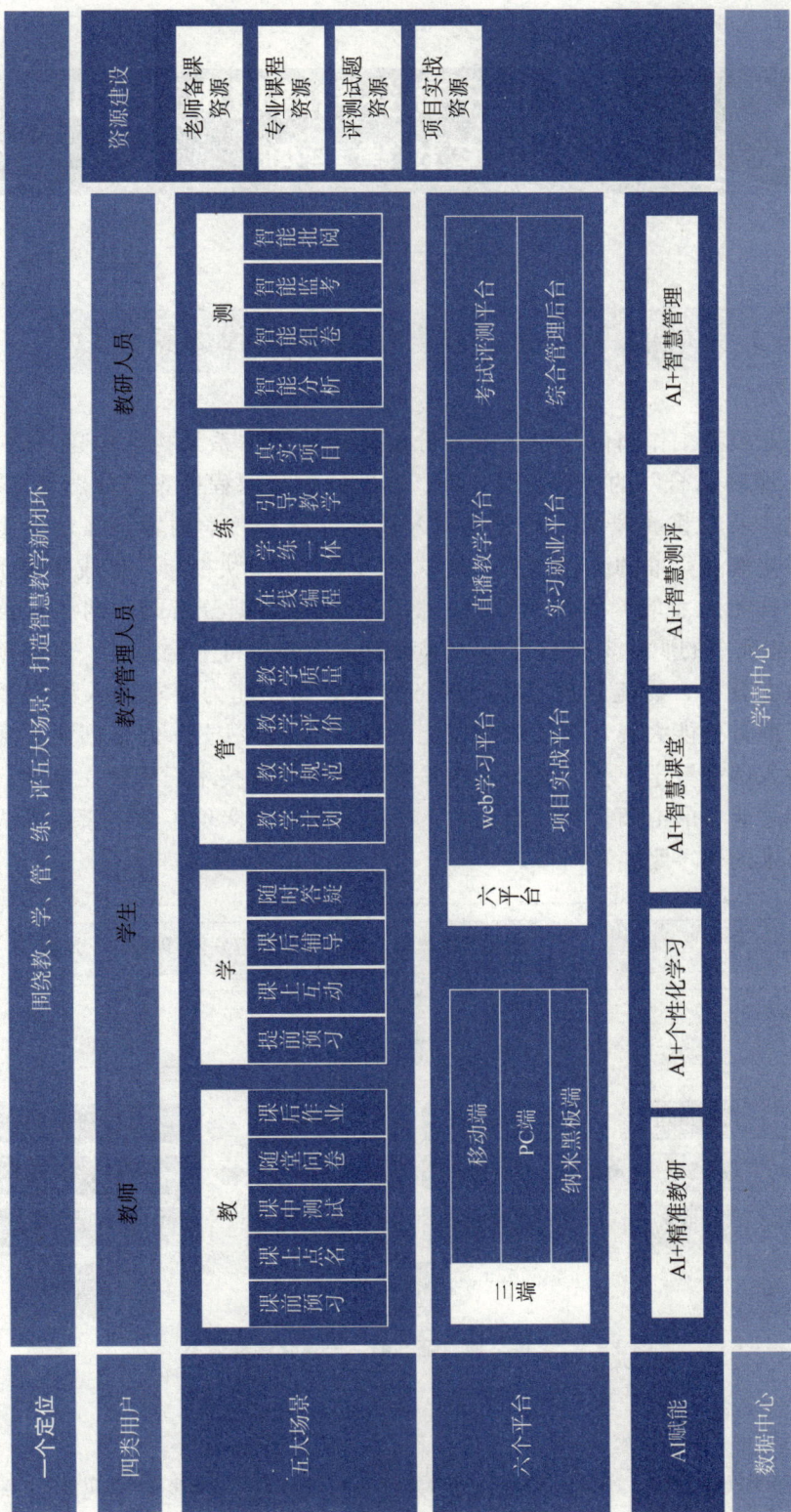

图 3-2 "云数智"赋能教学全过程

3.2 电子商务和跨境电商专业群课程体系构建案例[①]

⭐ 3.2.1 "课、岗、证、赛"一体的课程体系建设

根据企业典型工作岗位与职业能力分析设计课程体系结构，构建"课岗对接、课证融通、课赛结合"的"课、岗、证、赛"一体化课程体系（如图3-3所示）。具体做法是：及时将新技术、新规范纳入教学标准和教学内容，强化学生实习实训。构建对接职业标准的课程体系，服务"1+X"的有机衔接，形成体现工匠精神培育、适合技能人才培养的教学计划；将电子商务数据分析师、网店运营推广等"1+X"技能证书的职业资格标准融入课程教学内容；将平台运营、营销策划、视觉表达、数据分析、物流管理、客户服务等职业岗位能力要求融入课程教学全过程；将电子商务技能大赛、市场营销技能大赛、"互联网+"创新创业大赛等竞赛技能要求融入课程教学评价。该课程体系旨在培养具备技术、管理、商业、人文四维能力的德才兼备的电商技术技能人才，在人才培养上实现了学生素质养成与企业岗位素质要求的"零距离"对接。

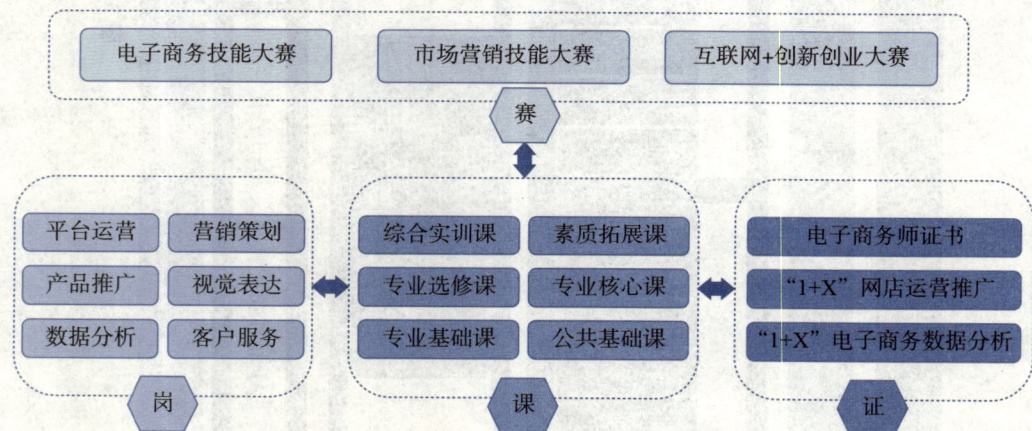

图3-3 "课、岗、证、赛"一体化课程体系

---

① 电子商务项目组负责人：张华、陈红军、田春霖、郭炬、杨洋。跨境电商项目组负责人：陈红军、刘颖、田春霖、胡泽萍、王若军。

3.2.2 "校企协同，双元四维"课程开发理念

在课程开发建设上，与行业企业合作，按照工作岗位能力和素质要求，融合职业资格标准，制定专业核心课程的课程标准，将企业真实案例和技能竞赛成果引入课程内容，开发核心课程及教学资源。校企共同开发了 ERP 原理与应用、市场营销学、跨境电商 B2B 实务、商务谈判实务与综合实训等四门工学结合特色课程，这些优质课程均以真实的项目为载体，实现了集"教、学、做"于一体，校企合作共同开发专业课程。"校企协同，双元四维"人才培养模式设计理念如图 3-4 所示。

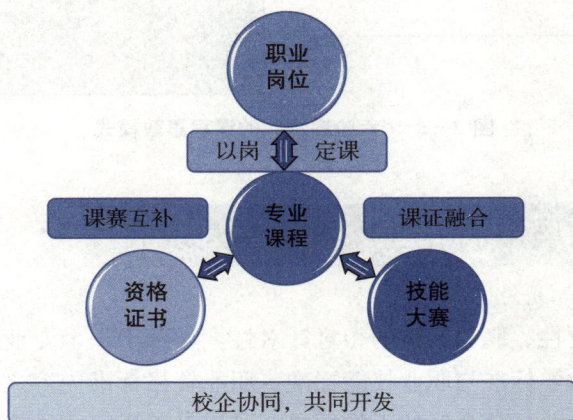

图 3-4 "校企协同，双元四维"人才培养模式设计理念

3.2.3 构建"六阶递进"的课程思政新模式，助力课程思政建设

团队教师坚持以立德树人为根本，以培养高素质复合型技术技能电商人才为使命，培养学生关键能力和岗位能力。提出了"职业人—电商人—技能工匠"的人才培养目标，绘出了思政元素、专业课同向同行、互融互补、共同培育的"大思政"同心圆，构建了"六阶递进"的课程思政模式（如图 3-5 所示），让思政元素融课程、进活动、入人心。团队教师聚焦岗位核心素养，保证课程思政有方向；组建"双融合"的教学团队，保证课程思政有高度；实现知识与思政板块对接，保证课程思政有宽度；丰富线上线下课程思政载体，保证思政实施有亮度；创新翻转课堂教学方法，保证课程思政有温度。

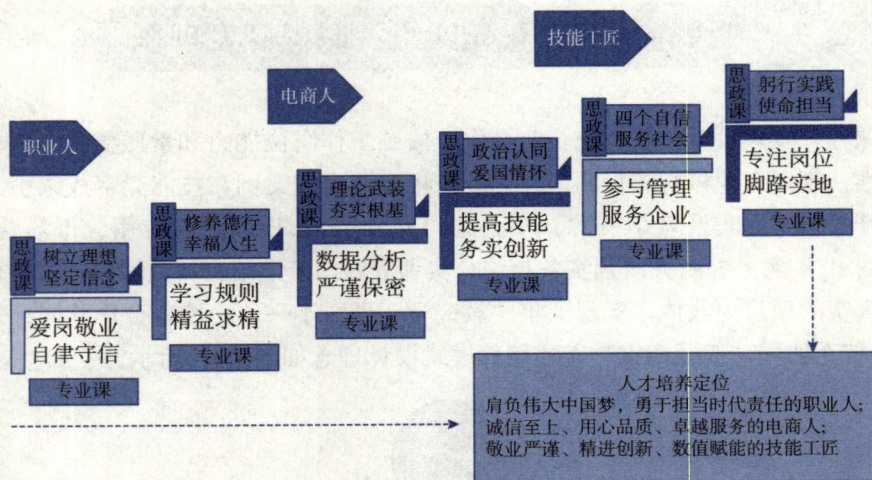

图 3-5 "六阶递进"的课程思政模式

3.2.4 跨境电商专业课程体系建设亮点

高职专业的宽泛性、职业资格的相对针对性，导致了一个专业对应多个职业资格证书的现象，专业教学标准与职业技能标准、职业资格标准内容之间存在割裂，联系较差。如电子商务专业，其今后的工作面向，可以是网店运营推广岗、电子商务数据分析岗、跨境电商 B2B 数据运营岗，所以选择确定融入哪些职业资格，以及对哪个对应的职业资格证书进行考核十分重要。

3.2.4.1 以复合型技术技能培养为目标，确定"四阶循环"课程体系开发流程

重构"四阶循环"课程体系开发流程。首先，校企合作开展调研，了解专业面向岗位的复合型技术技能人才培养需求，确定岗位的具体工作任务，剖析跨境电商专业相关职业技能等级标准中的工作领域和工作任务，重构与企业需求对接、以工作过程为导向、以职业岗位技能为核心的"课岗证赛"融通的课程体系。课程设置以典型工作任务为主体，满足岗位职业能力要求的知识逻辑排序，重构、整合课程内容，增强课程之间能力培养的连续性、递增性。课程体系编制完成后，通过召开专业建设委员会会议、企业走访等方式，邀请企业专家、兄弟院校同行及证书评价组织对其可行性及前瞻性进行指导和论证。

课程实施过程要注重教学条件及机制保障，动态监控培养质量，及时修正。"四阶循环"课程体系开发流程如图 3-6 所示。

专兼职团队

实施监控
质量保障
动态修订

岗位工作领域
典型工作任务
复合型技能要求

可行性论证
前瞻性论证

对标职业技能等级标准
以工作过程为导向开发课程
模块化重构课程体系
将竞赛内容嵌入课程教学评价

产教融合

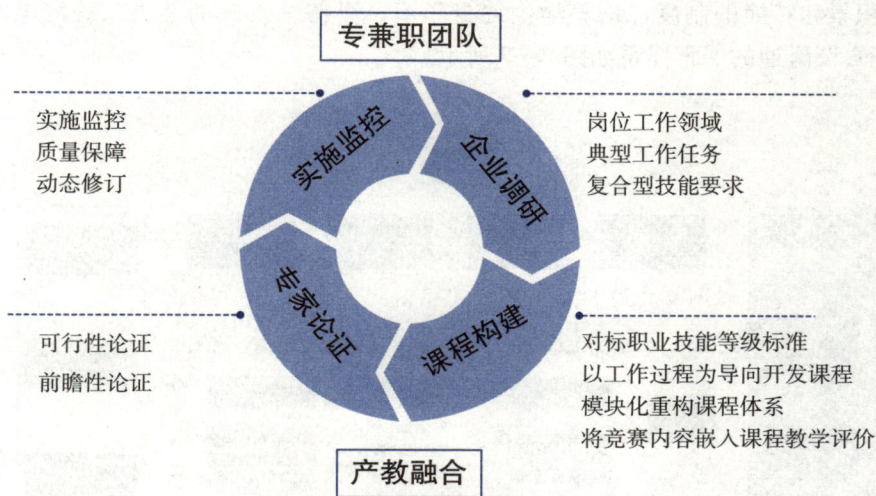

图 3-6 "四阶循环"课程体系开发流程

3.2.4.2 以岗位职业需求为中心，重构"模块化、阶梯化"课程体系

通过对企业开展调研可知，跨境电商企业岗位主要包括网店运营、网店推广、数据分析、跨境电商平台运营、跨境电商物流操作等，岗位之间具有相似的专业基础要求，也有各自具体的核心技能要求。按照专业基础课奠基、专业核心课重点突破、专业拓展课分化的方式构建专业课程体系，并结合岗位设置和专业相关的职业技能等级证书要求，将专业拓展课以模块化的方式进行重组，分为三个拓展模块，即跨境电商网店运营方向、跨境电商推广方向、跨境电商物流方向，分别对应相应的"1+X"证书。依据职业技能等级标准，分析某一拓展模块的职业技能要求，确定涉的知识技能，对已有课程内容进行模块化重组，以适应"1+X"考试要求。例如，跨境电商推广方向需要考核的"网店运营推广"职业技能等级证书，将涉及的网店运营推广、SEM 推广实务、跨境社交营销等课程相关内容，按照"1+X"证书考核需要，梳理为"SEO 优化""SEM 推广""信息流推广"三个模块。通过不同课程中学习模块的"搭建"，最终达到"1+X"证书的技能考核要求。将"互联网＋创新创业"、电子商务、货运代理、"互联网＋国际贸易"等相关的大赛内容融入课程教学内容和教学评价。对大赛资源进行碎片化、项目化改造，并建设了基于大赛项目和 X 证书项目的网络学习课程以及可实施理实一体教学的若干项目。电子商务专业还以大赛平台和 X 考证平台为基础，围绕赛事项目和考证任务编写了《网店运营推广》《商务数据分析》等理实一体的校本教材以及课程标准、评价标准等教学文件。教师把指导竞赛过程中了解、应用的行业标准、规范融入日常教学和训练，使技能教学标准化、规范化，将职业道德、职业素养等基本要求融入评价体系，增加了经济性、安全性等指标，体现了对学生素质、知识能力的综合评价要求，改变了教学评价中主观分占比大的弊端。积极对接国家学分银行，完善对学历证书和职业技能等级证书所体现的学习成果进行

认证、积累和转换的制度，培养学生终身学习、可持续发展的能力。跨境电商专业"课岗证赛"融通的课程体系如图 3-7 所示。

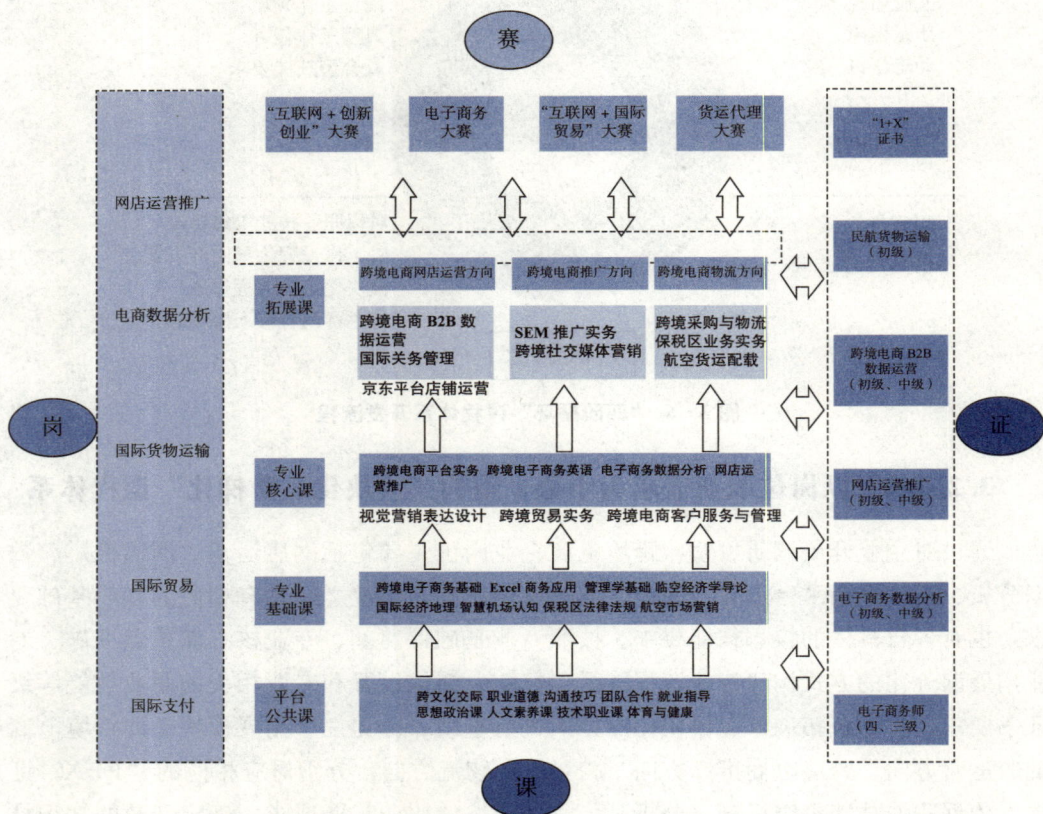

图 3-7　跨境电商专业"课岗证赛"融通的课程体系

3.3　汽车维修专业群课程体系构建案例

⭐ 3.3.1　中德诺浩汽车维修专业群课程体系建设背景

北京经济管理职业学院与中德诺浩职业教育服务机构"共育共建"高技能汽车产

---

① 课题组成员：魏中龙、许婕（校外）、李静文、刘文龙、杨光明、钟莹。

业学院为主导的人才培养模式，主动让职业教育适应产业发展，形成了以校企一体化育人为核心、学为所用、以产业需求为导向的专项人才培养模式，培养了大批产业需要的高素质应用型、复合型、创新型人才。

2013 年，教育部职成司组织专家对中德诺浩汽车学院课程体系及教学模式进行了组织调研和专家论证。专家得出一致结论，即中德诺浩汽车学院课程体系是"国内成体系、成系统、符合当代职教模式"的课程体系。2013 年 12 月，教育部职成司向各省、自治区、直辖市教育厅（教委），各计划单列市教育局，新疆生产建设兵团教育局下发了《关于推荐"中德诺浩高技能汽车人才培养助推计划"校企合作项目的通知》，要求各省、自治区、直辖市等教育主管部门选拔 100 所职业院校采用中德诺浩汽车课程体系，从而助推我国汽车职教课程和人才培养模式的改革创新。

为认真落实《国家职业教育改革实施方案》等文件要求，深化产教融合、校企合作，发挥企业在职业教育中的重要办学主体作用，新设立北京经济管理职业学院-中德诺浩"智慧汽车产教融合实训基地"，在"共商、共建、共享、共赢"的原则下打造共享型、应用型示范实训基地。

⭐ 3.3.2　中德诺浩汽车维修专业群课程体系重构

3.3.2.1　探索校企模块化教学改革，创新产业学院人才培养模式

成立校企现代学徒制组织管理机构，结合实际出台了学徒培养管理制度文件，创新现代学徒制人才培养模式，在推动现代学徒制试点建设的基础上参与工程师学院和技术技能大师工作室的建设。具体包括以下两方面内容：

一是开发"任务活页＋资料活页＋习题活页"三位一体式活页式教材。校企合作开发出了活页式、工作手册式教材，同时利用信息化手段链接大量音视频资源。丰富的案例和故事吸引学生随时看、随手学。

二是探索"行动导向""工作过程导向""信息技术导向"的教学方法升级。探索模块化教学改革，推广项目式教学、案例式教学、情景式教学、工作过程导向教学等新教法。

3.3.2.2　重构"课岗证赛四融合-工学交替五回旋-提升能力六经历"学徒技能成长课程体系

1. "课岗证赛四融合"，推行企业真实生产环境任务式培养模式

将新技术、新工艺、新规范及大赛标准、证书标准纳入教学标准和教学内容，做到"课岗证赛四融合"，如图 3-8 所示。北京经济管理职业学院汽车维修专业建立了"双元育人、五面融通、双层培养"人才培养模式，工程测量技术专业建立了"九学段、四线贯通、工学交替"人才培养模式，计算机网络技术专业建立了"四双五真"人才培养模式。

"双向 · 三融 · 四进"产业学院人才培养模式

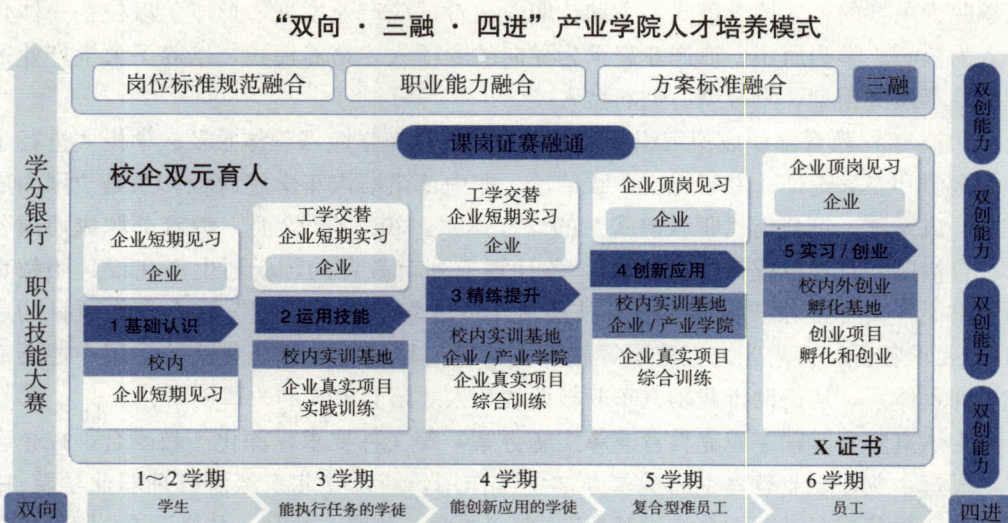

图 3-8　产业学院"课岗证赛四融合"课程体系

2. 探索校企工学交替联合培养，重构"五交替、六经历"的课程体系

北京经济管理职业学院第一至第五学期分别开展不同学时的认岗、跟岗、轮岗、定岗，实现五个校企工学交替，培养"六经历"。

五交替，即学生（学徒）在第一至第五学期的认岗、跟岗、轮岗、定岗四个阶段进行校企工学交替；六经历，即学生（学徒）在学徒制培养期间的企业实习经历、社会实践经历、创新创业经历、技术培训经历、参加大赛经历、顶岗实训经历，实现岗位育人、在岗成才。

同时，实行多生源的学徒制，如三年制学徒制（典型学徒制）、3+2贯通学徒制、扩招生互为导师的学徒制，构建三种类型课程体系的学徒制教学体系。

3. 落实立德树人根本任务，建立"五育并举三覆盖一贯通"育人体系

一是在第一课堂（学校教学课堂）、第二课堂（校内外科技、文体、社团等活动）、第三课堂（实习实训、社会实践课堂）探索五育并举全覆盖，围绕岗位核心能力需求，以德智体美劳五育为人才培养主线，把提高职业技能和培养职业精神高度融合。

二是以立德树人为目标，实现课程思政对德育素养培养的全覆盖。通过专业（群）教师和思政教师、企业导师的协同育人，将专业伦理及职业素养等思想政治和德育元素潜移默化地融入课程教学中，达到"盐溶于水"的潜移默化育人效果；实施成长导航全覆盖，按照入学前、入学后、毕业前、毕业后四个阶段，建立起覆盖思想、课程、文化、生活、心灵和职业等六个方面的学生成长导航体系，实现第一、二、三课堂的全线贯通。如图3-9所示。

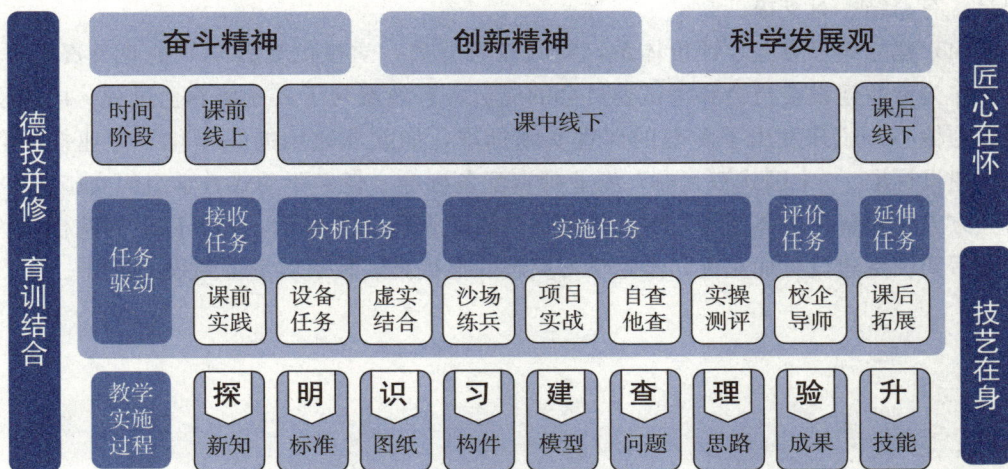

图 3-9 产业学院课程思政实践路径教学流程

3.3.3 评价体系创新

（1）科学谋划，引进第三方评测机构，建立产业学院智慧管理平台全过程质量评价体系（如图 3-10 所示），融合多元评价主体，创新实施第三方评价。

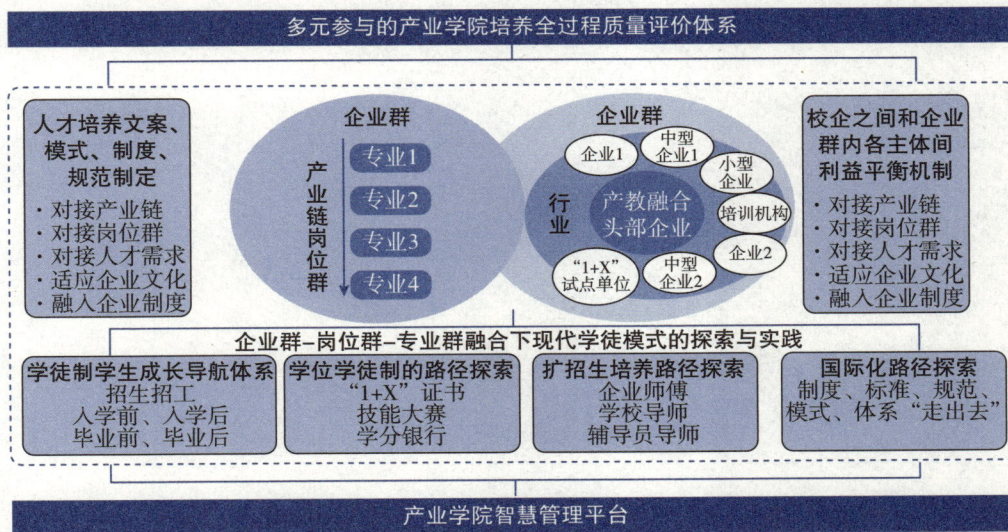

图 3-10 产业学院智慧管理平台全过程质量评价体系

（2）根据评价指标体系，以实际岗位测评为主，以学生实际学习效果为重点，全面评估产业学院校企合作的长效机制、招工招生一体化建设、人才培养制度和标准、"互聘共用"双师团队建设、体现产业学院特点的管理制度等各方面取得的成果。

（3）搭建了产业学院全过程监控及数据采集分析平台，做到有计划、有目标、有记录、有总结、有支撑。

（4）建立第三方人才评价体系，实施教考分离，学校负责教学，企业负责考评。企业作为专业建设委员会和考试委员会的成员，有效参与了人才培养全过程。以课程标准为核心，还开发出了配套的课程实施标准，如欧洲通用的一体化"专业技能教室"建设标准、"中国式双元制"专业师资配备标准、任务驱动式教学组织实施方案、第三方人才质量评价体系等。对合作项目的跟踪调研结果显示，90％以上的院校认为合作后实训室建设更加完善，学生学习兴趣明显提高，教学质量得到很大提升。